大家之教

——我的妈妈是亲子教育专家

张周汶瑾 周虹◎著

气象出版社
China Meteorological Press

U0952676

图书在版编目（CIP）数据

大家之教 ： 我的妈妈是亲子教育专家 / 张周汶瑾，周虹著． -- 北京 ： 气象出版社，2017.11（2022.7 重印）
ISBN 978-7-5029-6681-2

Ⅰ．①大… Ⅱ．①张… ②周… Ⅲ．①亲子关系－家庭教育－通俗读物 Ⅳ．①G78-49

中国版本图书馆 CIP 数据核字（2017）第 284384 号

Dajia zhi Jiao—Wo de Mama shi Qinzi Jiaoyu Zhuanjia
大家之教——我的妈妈是亲子教育专家
张周汶瑾 周虹 著

出版发行： 气象出版社
地 址： 北京市海淀区中关村南大街 46 号
邮政编码： 100081
电 话： 010-68407112（总编室） 010-68408042（发行部）
网 址： http://www.qxcbs.com **E-mail：** qxcbs@cma.gov.cn
责任编辑： 殷 淼 **终 审：** 张 斌
责任校对： 王丽梅 **责任技编：** 赵相宁
封面设计： 符 赋
印 刷： 三河市君旺印务有限公司
插 图： 王雅琼 桃子 景梓璇 吕紫尘
开 本： 889mm×1194mm 1/32 **印 张：** 9.25
字 数： 154 千字
版 次： 2017 年 11 月第 1 版 **印 次：** 2022 年 7 月第 3 次印刷
定 价： 35.00 元

自　序

作为一个 15 岁的孩子，我为什么要写这本书？我的动机是什么？

老实说，在一开始，我并不知道。

就在 2016 年底，有一天痴人说梦般，我向妈妈提出：“要不然我写本书吧？”

周虹老师怔怔地看着我，然后说：“好啊。”

2017 年元旦，我利用碎片时间三天写了五篇初稿，周虹老师看了看，说：“有点意思。”

“坐下来。”她郑重其事地对我说：“你接下来写，就不能随性地去写了，要想想你写这本书究竟是为了谁？是写给谁看的？想达到什么目标？”

于是，我开始思索：我写这本书，究竟是为了什么？

为了赚钱？为了赚名气？……

仔细想了想，其实我只是想向大家分享一下我的日常生活而已。大家都知道周虹老师舌灿莲花，讲课能讲成“一朵花儿”；她的一些学员也知道她的女儿很厉害，但是这个形象似乎太过完美，完美得不真实。

我想让大家也知晓我们日常生活中的酸甜苦辣，我们的柴米油盐酱醋茶，我们也不完美。

还有一个原因是，随着青春期的到来，我发现我的生活和大多数的孩子不太一样。

别的家长都辅导作业，我们家没有。但是我的学习没有被影响，我的自主学习能力越来越强，我认为学习是我自己的事情，很多的孩子却在为着旁人而学习。

别人家都强调学习成绩，我们家没有，但考试时我却反而总是发挥稳定。

别的孩子父母在一起，我没有，但我依然会幸福。我的父母虽然不在一起，但他们互相尊重，相安无事。我发现单亲家庭不见得是“问题家庭”，父母在一起经常吵架的家庭孩子问题会更多。

别人都在报辅导班，我没有，但是我的优势很早就被彰显，未来报考专业明晰，一些家庭却到孩子快上大学了还没有明确目标。

别人家谈起早恋如临大敌，我们家没有，但是我反而没有早恋。

别人上下学都有父母接送，我没有，但是我总是按时回家，按时上课。

我说什么家庭都支持，别人没有，但是我也没有被惯坏。

无论如何我的父母都相信我,别人没有,但是我也不说谎。

无论如何家庭都跟随我，别人没有，但是我的决策越来越朝向对的方向。

我想买什么家庭都满足，别人没有，但是我反而不会随便乱花钱。

我的生活处处充满着爱和接纳，一些孩子没有。

有很多人爱着我，而且我有着更多成就自己的机会。

我发现，我认为的很多稀松平常的事，其实在很多家庭中无法实现。

我希望向大家分享我们家的日子，想让更多的孩子不被否定、打击、怀疑、惩罚，过上像我一样的好日子，因为我越走进很多孩子的家庭观察，越发现自己的日子真的很好。

我期待中华民族更多的孩子拥有家庭的支持、激励、成就、接纳。

我期待每一个孩子出生就被成就，一生都被成就。

我希望能为国内止处于“水深火热”中的孩子们做出哪怕只有一丁点贡献。

生在这个正在崛起的时代，我正在见证中国逐渐变为一个超级大国，我在和我的祖国一起长大成人。我想以一位 15 岁少女的身份，为中国的孩子们争取真正匹配超级大国的有用、和平、优良的家庭模式。

而同时，我想以我这本书内所描述的点点滴滴，对那些做错事情而不自知的家长们敲响警钟——

如同我的妈妈——亲子教育专家周虹老师所说："家长根本不知道自己究竟造了多少孽！！"

我不是一个喜欢用感叹号的人，我的情绪一般都非常平静，但是在我写下这句话的时候，我内心的情绪无法用语言表达。

我曾经活得太过自以为是，我认为我从小到大的生活便是所有人的生活，我所拥有的一切便是千千万万孩子们所拥有的一切。

我发现我错了，错得一塌糊涂。

我见过朋友拿到了只差两分就满分的成绩却被他父母说"丢人"；

我见过朋友被她的父母逼着学习直到满头白发；

我见过一个英语完美得无话可说的朋友依旧被父母逼着去上那对她来说已经无用的英语辅导班；

我见过被父母忽视，只希望能和父母吵架，因为这样就可以让父母多看他一眼的朋友；

我看到过一个和我相处了很长时间我却从来没有见过他哭的朋友，在父母的否定打击下轻易夺眶而出的似乎带着鲜血的泪水；

我看到了一个个天赋异禀的孩子被父母逼到走投无路，只能用力地在自己根本不感兴趣但是父母要求的迷茫之路上，毫无方向地前行；

我看到过父母对孩子抬手就打张口就骂，竟然还要求孩子品学兼优；

我看到过有的孩子被父母逼得愤怒发狂离家出走，对父母开始攻击、对抗，但是社会、家庭却对孩子罪上加罪，始终认为这都是孩子的错；

家长可以为所欲为，孩子们稍有反抗就被大人们反诬——我们为你做了这么多，你怎么能对我们这样？

在见证了孩子们的痛苦的同时，我又看见了他们的美好——他们那即使经历过无数磨难，甚至是那来自于生命源头的否定和不屑，却依然异常美好和绽放的剔透灵魂。我佩服他们，我从心底崇拜并赞美他们。他们在历经磨难后依旧选择去变得美丽、去相信他人、去从善于人。

孩子们的能量何其高，他们的灵魂何其强大而纯净，才能使他们在这样的生活环境下依然活得温文尔雅、乐观开朗。

他们经历了什么才能变成现在这个模样？

今晚，在写下这些文字的时候，我的内心仍然在滴血，我快要哭了出来，我知道，这可能只是中国那么多家庭中的极小部分的缩影，但是我依旧为这些人感到心痛。

我相信妈妈见过更多的“高能量”孩子在这些能量较低的家长们逼迫下走上一条本不该如此的道路，我懂了她看孩子们的眼神，懂了她经常含着眼泪的执着。

我看着孩子们的遭遇，我多想去帮帮他们走出这些情景，可是我无能为力，我不能将手伸到他们的生活中去。我只能旁观，什么都做不了，只能默默地祝福他们，祝福他们以后的生活会变得更好，祝福他们找到并且踏上本应该属于他们的通往罗马的大路。

既然我无法帮助这些在我身边的或者不在我身边的朋友，那么我就把我所有想说的话、所有想做的事和我真实的内心想法，全部写在这本书里。我是真的希望，我真挚的情谊和祝福能够通过这本散发着油墨和纸香的书籍传递到你的手里和你的心中。

我愿你即使经历过荆棘遍布的歧路，浑身浴血，伤痕累累，依然能够活得恣意飞扬，散发着耀眼的光芒，成为那颗在人群中闪烁的小太阳。

少年强则中国强，我们正是这崛起的一代，我们要做头狼，与国家的命运同频共振继续强大，中国这头睡狮已经苏醒。

而这一切的基础，正是看似平凡无奇的千千万万中国家庭的使命。

我希望我能为这一切的一切做出一些微薄的贡献，哪怕只能帮到一个家庭，我就已经心满意足了。

张周汶瑾

2017 年 8 月于墨尔本

目　录

我的妈妈不属于我自己

你是否对身边的人有太多的期待呢？

如何才能终止这些期待呢？

从小到大我觉得最恐怖的一件事情就是：我感觉我的妈妈不属于我。

从我几个月大时，我就在妈妈创办的“周氏启智”玩耍，一玩儿就是六年。在周氏启智，妈妈特别受孩子们的欢迎，每次只要她一进我们幼儿园的大门，不管有没有在上课，所有的孩子都会一哄而上，嘴里喊着：“周虹老师！！”而我，由于年纪、身材较小，只能被无奈地挤到最外圈，看着一群孩子围着自己的妈妈又是亲又是抱，内心充满了无助和拒绝。我真想大吼：“那是我的妈妈！放开我的妈妈！让我来！”

可是，我的声音那么微弱，只有我自己能够听到一个小蚂蚁的声音在喊："这是我的妈妈，不是你们的妈妈。"

在这个时候，周虹老师就会看到我，先用只有我们两个才能懂的爱意眼神和我打招呼，小心翼翼地拨开身边的孩子们，慢慢走到我身边，然后抱起我，亲我、安慰我。

我现在想想这些事情还是挺心酸的。

更心酸的还在后面呢！

我本来以为只要我一上小学，大家就不认识我妈妈了，就不会和我抢妈妈了，可是甚至到了现在，还有人跟我抢！妈！妈！

抢抢抢，都给你们抢哦！！

来，看着我的眼睛，我真的一点都不生气，一点都不。

怎么可能哦！

更可悲的是现在已经不是仅仅一群小屁孩儿和我抢妈妈了！而是一群疯狂的阿姨和我抢妈妈！

自从我上了小学，妈妈开始大江南北地讲课。郑州市区的课程也越来越多，特别是在虹汇（女性身心灵成长社区化组织）课堂上，我几乎每周都可以看到好几次阿姨们对妈妈深情表白："周虹老师我又梦到你了、周虹老师我好想你啊、其实你随时就在我家里啊……"之类的肉麻话语。

某位阿姨在每次开车接送我们的时候都会提起她梦中的周虹老师。更加过分的是，阿姨们也是一见到周虹老师就不想撒手！狠狠地抱着！就是不撒手！我都快哭了她们就是不松手！我都想告她们性骚扰了！为什么到现在还有人和我抢妈妈啊！

那是我的妈妈啊！

为何人生如此悲惨……

与妈妈聊天时我恍然大悟，为什么很多人都把周虹老师投射成自己的妈妈。对父母失望的人会踏上另外一条路——寻找理想父母。进入人群就会对他人有期待，把自己对父母的期待投射在别人身上。虹汇会员很多人把期待投射在周虹老师身上，向她伸手要啊要。家排（家庭系统排列）现场很多阿姨把周虹老师投射成神、父母、老师、姐姐甚至伴侣……太不单纯了，我的妈妈是个普通人啊，她怎能承受这些渴望？所以，会有阿姨感觉周虹老师不能够满足她们的期待，因而失望、不按时上课、不完成作业。

从心理学讲这是移情或者是认亲错误，在心理辅导中，这样的咨询者特别容易再受挫败。

在辅导过程中，心理咨询者容易对负责治疗他的医生产生移情作用，在国外，咨询者恋上心理治疗师的例子并不少见。

在妈妈的课程中，学员对老师产生一种强烈的情感，学员将自己过去对生活中某些重要人物，主要是对父母的情感太多投射到她身上。认亲错误的暖床是婴幼儿期的“心灵坑洞”，即在与双亲或其他人际关系中的关键人物之间存在的未完成事件。潜意识中学员是这样与周虹老师链接的——

“老师，我喜欢你，你也爱我吗？”

“老师，我想和你保持私人交往。”

“老师，我最在意你，我只想你关注我一个人。”

最可怕的是这个——“老师，如果你没有如我想象的那样对我，你就不是好……”

来，你继续说。

所以，妈妈说有百分之十的学员会因此质疑、失望、离开，有百分之三十的学员会在某个时期游离在课程之外。

我怎么感觉这些阿姨都是“傻子”啊？因为你的老师不愿意当你妈妈，你就失望或者离开，她本来就不是你的妈妈，你想让一个不是你妈妈的人做你的妈妈，你……真是傻得可爱。

唉……

反正我不傻。

2017 年是我在澳大利亚读书的第二个年头，开始读高一。我选修的科目有应用心理学、犯罪心理学。受家族影响，我对心理学兴趣盎然。我发现，如果移情双方是同性的话，会产生一种类似于朋友、亲子或同胞关系甚至也可能会有爱情的情感；移情双方如果是异性，那就是“爱情”了。移情同样也是危险的，分为正转移和负转移，正转移，让关系更加亲密；负转移，对关系失望从而产生厌恶、憎恨、敌意及想加以控诉的欲望等，很好的关系就被破坏了。

我看到虹汇的阿姨们发生移情时看我妈妈的眼神都不对，那些过去未曾解决的问题会使她们对周虹老师的知觉和反应方式产生变形的期待。这些未满足的渴望根源于阿姨们过去的母女、父女关系，而现在又直接指向了我的妈妈周虹老师。

到现在我才明白，大家并不是想和我抢妈妈，而是大家都希望拥有一个理想中的妈妈，一个对孩子只有爱和接纳的母亲。她似乎没有弱点，天天对你只有支持没有质疑。当你做错了什么事情的时候她却依然温柔而坚定。

所以啊，读者朋友们，无论你是父母还是孩子，去接纳和认可你们自己的妈妈吧，与自己的妈妈和好吧。周虹老师上课时经常说的一句话就是：父母给予我们生命足够了。

周虹老师并不是你们的妈妈，也不可能让她成为你们的妈妈啊……她要是成了你们所有人的妈妈她该多累啊……考虑考虑这些实际的问题啊……不要只去向身边那些有爱的人索取爱，将他们投射成你们的妈妈啊。

但是，尽管周虹老师不可能成为你们的妈妈，你却可以努力成为周虹老师这样的妈妈，成为你孩子期待的好父母，去变成自己所渴望的那一种父母。

你喜欢谁，变成谁就好了。

所以，读者朋友们，努力学习成长，把自己变成周虹老师啊……不要再和我抢妈妈了啊……

我是周汶瑾

你是谁?

你从哪里来?

你要到哪里去?

从小，我就知道我是谁。随着青春期的来临，我越来越清楚地知道我是谁？我从哪里来，要到哪里去？这个过程有成就、有迷茫、有打击，痛苦有时很漫长，无数次跌进黑暗。但是，我认为这些历练也避免了我长大以后会犯更加不可饶恕的错误，并避免了由于虚弱匮乏而破坏生命的未来。

我是周汶瑾。一个从出生就有一个声音告诉我，我是一个必须比同龄人更懂得什么该做什么不该做的孩子。

无 为

虽然“周汶瑾”这个名号给我带来了诸多荣耀，但是同时也对我带来了诸多的限制，更让我很早就了解了“无为”和“有为”的意义。

就从我小时候说起吧。

我上的幼儿园——周氏启智早教中心（简称“周氏启智”）是我爸妈因我而办的。所以在其他小朋友和老师们面前我就是园长的孩子。

那么园长的孩子应该是什么样子的呢?

园长的孩子应该要“无为”。不哭、不闹、不撒泼、不为身边的人添麻烦，2 岁时我就做到了。

园长的孩子又一定要有所作为。在周氏启智早教中心，妈妈自创了很多特殊的教学方式，比如每周一次的测评深受家长的喜爱。由于我是园长的小孩儿，可以自由自在游走在各个教室。也因为我表现出色，每一个年龄段、每一类别的测评我都可以溜进去参与。所以，经常看见我和比我高一个头甚至两个头的小哥哥小姐姐们一起测评。虽然我比他们矮，但是我的测评成绩和表现可比他们中的很多人要好得多。所以，每次测评我都积极表现，兴奋地等待着最后的结果，每次我都会赢得好成绩，在大家羡慕的眼神中我越发出色地展示自己。我喜欢这种感觉，上瘾，超越，一次次超越自己。别人越夸，我越要表现得更好。我在成就自己、老师与家庭“有为”的路上停不下来了。

在我三四岁的时候，我是“救场王”，经常救场。原定的主持人临阵突然上不了台了，这个时候老师就把稿子塞给了我——经常练都没时间练，直接上台。于是我就完美地把刚拿到手心还没焐热的演讲稿顺畅流利地说了出来。台上台下的赞叹之声如同海浪袭来，我躺在上面舒服极了。

没错，我就是这么肤浅，就是喜欢站在聚光灯下看着大家对我投来赞赏或者是羡慕的眼神。

没办法，谁让我这么自恋。

无为又是什么呢?

每一次演出活动，当小朋友们在后台化妆准备表演的时候，所有的“小萝卜头们”都会在化完妆之后乱跑乱玩儿，然而我就如同被按了暂停键一样，是在动画中静止的那一部分，纹丝不动。在他们大哭大闹哭花了红脸蛋儿妆容的时候，我脸上的红脸蛋儿依然完好无损。但是通常在演出结束后我会选择在妈妈怀里哭一场，毕竟我还是个孩子。只是情绪失控的时间点不一样，很多人看不见我的孩子气。

真的，关键时刻我会按暂停键“无为”。因为我是周汶

经常上台的我从小就霸气侧漏
景梓璇　绘

瑾，我会维护自己的名号和荣誉。

当“破坏生命”的事情要发生时，我会启动“无为”暂停键。

到了小学，父母没办法再为我自己办一个小学了，于是我上了一个位于郑州市东区的小学。可是在小学的时候我就已经感到了诸多不对劲，一直到初中，我感到的不对劲更多了。

比如，我发现自己“无为”到不能顺畅地表达我的负面情绪。

有一次在公海邮轮上，我和妈妈朋友的孩子一起在游泳池玩，对方是两个男孩儿，身强体壮，闹得太过了直接把我摁到了水里，虽然我会游泳，但是突然被这样对待我是没办法准备的，于是就呛了几口水。当我觉得快要溺水的时候，有一个男生突然松开了手，我就直接游到边上，上岸回房间了。如果不是在公海上，我就直接跳水下船了。

我当时是很生气的，是真的特别生气！

但是虽然气到想当众开口骂人，我却什么都说不出来，默默回房趴到床上哭了十几分钟。因为我是周汶瑾，我不会骂人，不会如同野小子一样去与人撕扯，我不是那样的人，我有尊严、有自己的底线。

同时，我也有些不喜欢“无为”了。

妈妈问我是否与他们玩得太疯了，我不知道。尽管妈妈第二天当着我的面让他们给我道歉，他们也再没有过激行动了。阿姨们还夸我当初做的是对的，这让大家看到了我的教养和性情。这些为我赚取了好的名声，但是很长一段时间，我想起这件事只能“无为”心塞。

后来妈妈与我谈：“男孩子总是很纯很蠢，喜欢招惹自己喜欢的女孩子,没有轻重。”经历过了就知道该怎么处理了，我为了抑制这种事情的发生，就不再去和比较调皮的男孩们尽兴地玩耍了。

去另一个国家时，曾有男生把装有行李的行李推车狠狠地撞到了我的脚踝，我当时也是很生气啊，想着就算你喜欢我你也不能这样吧。之后可能是因为我的怨气太重直接传达到他那里了，他之后倒是收敛了一些。

后来，我发现我的“无为”也是因为父母的“有为”。

小学期间，班里一位男生喜欢我，放学路上总是围着我嬉闹。一不留神把我踢倒磕破了膝盖，我“无为”哭着回家，对男孩子什么也没有说。

反而妈妈怒火中烧拿起电话打给对方家长：“请你的孩子离周汶瑾远一点，我们不需要这样的朋友。”

对方说：“周老师，我听过你的课，是你的粉丝。我儿子可喜欢周汶瑾啊。”

妈妈毫不留情：“我们不接受，我要保护我的孩子，因为这不是第一次了，请叮嘱你的孩子与我们保持距离。”

妈妈一回头，发现我不仅不哭了，竟然没事一样平静地有滋有味地在吃饭。为什么我的愤怒没有了呢？因为我看见了妈妈的立场，于是瞬间就平静了，委屈随着妈妈的情绪释放了。

下午我还正常上学去了，后来那个男生的妈妈买了一套绘画工具，让那个男生送到我家后诚恳道歉。我当然是很宽容大度的，就原谅他了。

后来我还问妈妈：“你对粉丝是不是太凶了？”

她坚定地说：“粉丝是社会身份，我在家的身份只是你妈妈。如果把工作岗位与家庭位置混淆，是犯傻。”

“哈？为什么？”

她翻了个白眼：“如果我因为她是我的粉丝马上笑脸相迎，不再过问，让你忍，怎么样？”

“啊……大概会很生气吧。”

“所以嘛。”

“你还真是爱我啊。”我也是无言以对。

青春期，同样类型的事件发生过很多次。

我甚至曾经有几次被别人气到做梦“有为”，梦到和人吵架，情境就是人家怼我的那个场景。同样的对白、同样的事件、同样的时间，不同的是我没有默默回屋而是放开了和人家吵，吵得酣畅淋漓，感觉自己把憋了几个月的坏情绪在梦里一下子喷了出来，醒来之后心情倒是舒畅了很多。

因为我是周汶瑾，不是粗粗糙糙的野丫头，我不能像个市井泼妇般和人大打出手。所以我现在每次遇到应激性事件，就会努力地调整气息选择“无为”或是“有为”，多想想对方最近是不是经历了什么让他心情不好的事情，多想想对方的难处，就差不多可以达到心如止水的境界了。人家再怎么说都不生气或者不生大气。

我曾经愤愤不平问我妈妈：“为什么很多人要这样粗暴地对别人呢？”

妈妈告诉我：“每个人都会遭遇打击、挫败、不公、屈辱、伤害。”

我：“可是你们一直在成就我啊？他们为什么这样？”

妈妈：“父母应该成就你，这是责任。但是，对他人不可以有这样的期待。进入社会你要有心理准备，人生应该有百分之二十皆是来自外界的挫败。”

我：“这么多？百分之二十？”

妈妈满不在乎：“你这还算少的，多少孩子还有来自家庭的挫败啊，想想看。”

啊，想想不少孩子还真是生活在水深火热之中啊。

“挫败面前人人平等，针对这一点世界是公平公正的。无论你是王孙公子还是平民百姓，谁也躲不过。”

我：“你呢？就没有看见你受伤。”

妈妈突然大笑，笑得前仰后合，笑得眼泪都出来了。让我好好听听她曾经录的歌曲《剪爱》，最后一句话是重点——你看不出来我的无奈！

“我通常会用活好自己回应所有伤害！”妈妈一脸狡黠。

我想我也会。

大概吧……

自律与放肆

我是周汶瑾，我特别自律。

自律这方面我觉得有两个例子可以证明：衣服和社交。

关于衣服这方面，我小时候的怨气简直是可以冲上天了。

为什么不可以穿短裤？！为什么不可以穿超短裙？！

小时候妈妈一直是拒绝我穿短裤短裙的，我一开始真的是不理解为什么要这样，我的腿长得又不丑、又不短还蛮好看的！后来，在我对妈妈的长期骚扰下，她总算是让我穿了。于是在 12 岁的夏天，我在美国放肆地连着穿了两个月的短裤，超短的那种，稍不注意屁股都可能露出来的那种。

回国后，我发现腿不仅黑了好几个度，而且老师拍出来的我穿短裤的照片也是一言难尽。

我发现如果裤子很短，上衣再很长的话，会看着仿佛没有穿裤子一样，也不能说丑，但是就是看着不整洁、不好看。

之后在国内参加了几次妈妈在北京、杭州、昆明授课的夏令营，当时正值夏天，女孩儿们都穿上了短裤。但是那个统一发放的上衣号码又很大，穿上去就真的跟没有穿裤子一样，真的不是很好看。看得太多了，看得自己都受不了。

我没有再评判那些穿短裤的人，没有歧视，没有优越感。我依然觉得有人穿超短裤很好看，但是超短裤已经完全被我封锁在了我的衣柜之外，我不会再轻易地去碰它。

除了超短裤，我还有其他许多想尝试穿的衣服。可是当我看到它们，双手尝试着去碰触它们的一瞬间，我脑子里会浮现出这样一段话："我是周汶瑾，在外我必须要保持整洁、优雅、高贵、美好的形象，这个衣服我能以'周汶瑾'的身份'放肆'地穿出去吗？"

如果我发现自己不能，那么我就会放弃。即使我再怎么喜欢这件衣服，我也把它放弃，因为我不能"放肆"地穿，我不能冒哪怕一小点风险。

即使我现在在国外，几乎没有人知道我，我也自律，不会去买不能以"周汶瑾"这个名号穿出去的衣服。小时候不那么穿是为了别人的看法，现在不那么穿已经不为了别人了，而是完全为了自己。

经过了这么长时间的洗礼，我已经明白了自己是谁，自己想要成为一个什么样的人，要对自己诚信，成就自己，变成一个更好的人。

还有一个能体现我的自律的就是社交。

所有的社交软件账号我都有，但是我几乎不在上面发布负能量的东西。我会在朋友圈写一些文章。

我想得特别多。我要预防有人会看到我矫情的文字或者做作的姿态从而对我以后的人生带来隐患，我也有觉知地预防以后有人会拿着我某一天在社交软件上写的东西而对我产生不良的看法。虽然这样想不免有些杞人忧天，但是我真的是这么想的，就当自己是杞人忧天好了。

小学的时候还是在空间里面“放肆”地发布过许多东西的，但是在某一天我幡然醒悟。

虹汇课堂上，有人问妈妈：“为何面试过关了，也见过老板了，反而突然接到通知没有被录用？”

妈妈：“你是否与老板加了微信了？”

“是！”

“那就对了！”

“为什么？”

“你在朋友圈发了很多对用人单位不满的东西，戾气太重，提醒你多次了。”

“这对新单位也有影响？”

“岗位太重要，人家是慎重啊。”

妈妈指着刚才发言的学员说：“你刚才问了解一个人最好的方式是什么，除了我刚才说的，还有一个更简单的方法——去翻翻这个人的微信或者社交账号就足够了。”

“不可能吧，老师。能看出什么呢？”

“人们在微信上发布的东西都是他的立场与能量信息，无论伴侣关系还是合作关系，细读可分辨其靠谱不靠谱。”

我站在别人的角度思忖了我的空间，一身冷汗。

我花费了两个小时把社交空间上所有的东西都删掉了。那些东西现在看起来真的是矫情至极。

直到现在我也很少发东西，偶尔还是会突然矫情一下的。有时看到朋友圈大家丢的“重武器”，会把所有人炸翻。过眼即拥有，没有人有义务与你共情负能量。当你在社交账户上抱怨的时候，简直是在他人生活里扔从人体内产出的掺着剧毒的排泄物。

不肆意在社交账号上扔垃圾是自律，是尊重自己和他人。

社交软件上的自律又导致了另外一个问题——我和我的同学们不能有更深入的交流。

我朋友圈里的文字对于同龄人来说都太过正经、太过“官方”，同学们一般都不会理解我的朋友圈为什么任何关于我的事情都没有。所以如果有同学加我的话我一般会说“上面都是心灵鸡汤”，或者“是给长辈看的”蒙混过关。

我最近又发现了一个好办法，就是又重新建立了一个小号，里面只有父母和贴心朋友。在与朋友交往的小号中会发一些关于我私人的东西，照片啊心情啊什么的。

由于自律，其实“朋友断层”还是有的。

无论未来的交集是不是很多，在现在，至少在现在这个时间点，我还是很想和青春期同龄人玩得好的。

怎么和他们搞好关系呢？就是和他们变成相同频率的人，变成有共同话题的、让他们感觉安全的、不是另类的人。和什么样的人交往就要先将自己变成那样的人，而且尽量不要与他们起任何的冲突，平平安安地度过这段时光。

这就导致了有人觉得我很怂，因为我和同学们日常交往时只要对方有一点点不开心或者生气我就立马“自律”道歉、安慰对方，即使我完全没有做错事我也会道歉，直到对方不再生气为止。

曾经妈妈还因为这种无度“自律”说过我，说我没有底线，太怂。我和一位同学约好课余时间去录一个采访，结果老师让我直接在上课的时候做了，就没有办法和她一起去了，我在微信上和她说明，她对此大发雷霆，为此我们还发生了一些言语争执，其他同学告诉我还有人在旁边煽风点火。

我没有和她对骂，我一直在道歉并且许诺她就算我已经录过了我依然会陪她去。但是她却不理我。中午吃饭时间，她拉了那个在一旁煽风点火的同学依然在骂骂咧咧。

她的反应比我想象得激烈了许多。我最开始很伤心，有点生气，于是就对周虹老师“轻描淡写”说了这件事。没有想到，向来温文儒雅的周老师勃然大怒：“把你老师的电话给我，我要投诉！我要给学校监护人发信息，让她去处理！这个同学有什么资格对你这样？我要联系她的家长！”

她竟然直接“炸”了！

我被妈妈惊着了，十几年也见不到她这样吼过谁。

但是当妈妈开始发火的时候我反倒是冷静了下来。我自己是平静的，因为我了解同学们的日常生活是什么样子。妈妈反应特别激烈，超生气，让我以后不要和那位同学有任何往来，直接“拉黑”。我拒绝了妈妈。

我一句句对妈妈解释：“我不能和同学撕破脸皮。我们未来还要在一起相处两年的时间，现在闹翻了对谁都没好处。更何况我们还是在一个小圈子里的，如果我们两个闹翻了对其他的人也很不负责任，会让他们处在一个非常尴尬的境地。”

妈妈："……"

"她也并没有对我做什么过分的能让我直接去'拉黑'她的事情。"

妈妈："……"

"而且，你告诉过我，出门在外，最重要的是安全。"

妈妈一直听我说，最后才问了一句："那你以后能不能不对这样的朋友承诺，或者承诺了一定要兑现？"

"身边的朋友是什么样的人我又不能决定，我只能保证以后尽量和她减少来往，但是还是要保持表面上的友谊关系。尽管她可能对我不屑一顾，但是我依然要对她友善。而且我知道，她不可能一直这么生气，这只是暂时性的，最多不过两天我们就能和好。"

妈妈："……"

"你说过，毕竟我出门在外首先要保证的是我的安全而不是我的面子。"

妈妈在电话那头沉默了许久，过了一会儿给我发了一条带着鼻音的语音："你做得对。你有时比妈妈成熟、厚黑，妈妈的心理底线太高了。"

顺便还为我赋诗一首：

无论你如何恭敬，

但在有些人面前总是不被尊重，
我们依然选择恭敬。

无论你如何信任，
但在某些状况中总是会被欺骗，
我们依然选择相信。

无论你如何靠谱，
但某些人总是一次一次地失信，
我们依然选择靠谱。

无论你给多少，
总是有人不满足，
我们依然力所能及地给予。

无论你多么诚挚，
总有人认为你别有用心，
我们依然持续分享。

无论你多么有序，
总有人无视秩序将你的生活搅乱，

我们依然选择遵守秩序。

无论你多么有礼貌，
总是会有人对你污言秽语，
我们依然选择文明。

每个人都在为自己的过往买单，
每个人的抉择都要付出代价，
每个行为都有因果。
世界是公平的，
时间是最公正的账单。

妈妈的这些“有为”像是帮我把内心的怒气发出来了一样，她巨大的怒火反而是把我内心的小火苗熄灭了。她给了我一个“立场暗示”——她是永远站在我这一方的，无论谁伤我，她都是可以替我拎刀拼命。这种极端的“立场”如同一个消气管道，无形中使我泄愤，变得无比冷静。即使对方曾经贬低我、诋毁我，我现在可以做到面不改色地接受，然后默默离开危险地带，不“放肆”地让事情往恶劣方向发展。

因为我知道，爸妈知道我是谁，爸妈的立场始终在我这边，哪怕世界上只有他们两个人知道我是谁，也就足够了。

更何况爱我懂我的人多了去了，如天上的星星数都数不过来。

所以我在青春期为人处世最重要的一条就是“自律”——尽量不搞事情。

不要搞事情就好了。

又过了几天，我和这个同学在朋友圈以示友好地互相点了几个赞，评论了几条，这事算是过去了。

我见过这样的事情发生在同学家庭，父母首先质疑自己的孩子，让孩子们愤怒升级，事情越闹越大，一发不可收拾。

所以，我是周汶瑾，我知道我从哪里来，我要到哪里去。我从成就我的家庭来，要到成就自己和家庭的方向去。

我知道自己要有所为、有所不为。

成长在对自己更加了解、清晰的路上，同时看见别人背后更多的“合理”，对他人的评判越来越少。

我也曾经对很多人有过评判。

我曾经觉得穿短裤的女孩儿就是不自爱，很自卑想露肉来吸引他人的关注——直到我发现了自己内心深处也想穿短裤的欲望，特别是在沙滩上，因为夏天真的很热。

我曾经觉得会化妆的青春期女孩儿都不是好人，她们也是想吸引人的关注——直到我自己开始描眉点唇，才发现原来化妆其实是为了自己开心，不为任何人，而且只是画个眉毛涂个口红就能看上去精神不少。

我曾经觉得这个年纪谈恋爱的都不是好孩子——直到我发现了自己内在美好的情愫，才开始真心祝福起那些年轻的情侣们。

我曾经认为天天在社交软件上发自拍的人只是内心匮乏想求关注——直到我也开始在社交软件上发自己的自拍和日常生活照，发现其实很好玩，看到一个点赞都会开心好半天。

我曾经认为追星族们都是缺失了日常生活的可怜群体——直到后来我要死要活地喜欢上了一名歌星，突然理解了他们的感受。

我曾经认为晚上夜不归宿的青春期少男少女们都是不自爱，后来我发现他们的父母确实有问题，但是他们夜不归宿也真的不能全怪罪家长。

我之前很不喜欢日本，可是后来我喜欢上了一个日本歌手，喜欢得翻天覆地，后来发展到想去日本玩，于是开始学日语，还学得不错。

我曾经只喜欢听旋律独特的歌曲，认为正常的旋律太过枯燥无聊，后来我爱上了平淡慵懒的歌曲，但是旋律奇特的曲子我也依然爱着。

我曾经只喜欢听有歌词的歌曲，认为没词的纯音乐不够“抓耳”和过瘾，后来我在纯音乐里发现了另一种别样的世界。

我曾经只喜欢听流行歌曲，认为古典音乐太过高端不适合我，后来我发现古典音乐的世界远远比我认为的有趣。

我曾经只喜欢外文歌，日语、德语、法语、英语，认为中文歌都没那个调调，后来虽然我听的中文歌不多，但是最爱的几首歌中，中文歌占了一大半。

我曾经认为民谣都是无病呻吟，直到我碰上了那些不做作、不矫情的打动人心的旋律。

活到了快 16 岁，我觉得我“悟”了。

人生，说好听点是“看见”的能力越来越强，说难听点就是一个不断打自己脸的过程。

你是谁？

你从哪里来？

你要到哪里去？

孩子看着父母长大

你有没有佩服过父母？

你有没有真正“看见”过父母？

平日我经常见到一些家长情绪失控训斥孩子，大家的台词惊人相似：“你知不知道我为了你吃多少苦？没有人能够给予我帮助，我的父母什么都给不了我，是我一个人辛辛苦苦努力才有今天……”

我也想讨论讨论我的父母，可能与上面说的家长画风不一样。

先“剧透”一下我的好，我可能也算是个德智体美劳全面发展的好学生吧，是一个比较多才多艺、有很多优良品质的好人。

我的好很多，除了只吃肉，其他都算挺好。

首先，我大概——比较会吃。

我很认真的，没有在搞笑，我真的比较会吃。这个会吃不是胃口大的意思，而是我吃得很讲究，知道怎么吃最好吃，这大概是遗传我爸。我的爸爸是一个特别注重食物品质的人，他会做很多很多的好吃的（肉）给我吃，也会自己钻研各种各样的美食（肉）。在我吃到他做的饭（肉）的时候，我总会很开心，因为爸爸做的饭几乎都是肉。他也在每次把做的饭吃得干干净净后教育我不要浪费食物，因为别看我饿的时候嗷嗷叫，吃的还是非常少的。在澳大利亚与二舅妈一起生活，被舅妈说过喂我就跟喂小猫一样，吃得太少。姥姥一见面就说担心我吃得太少；连我爸都嫌弃我的饭量，吃一次饭恨不得想让我直接胖三斤。我现在盛饭时只盛我能吃完的分量——只有一个小酒盏那么多，不管饭菜多好吃，我都不吃撑，这其实也算是对食物的一种尊重吧。

其次，我大概——比较爱钱。

我看到你在笑了，不要笑，这是非常严肃的话题，我在很认真地跟你们讲：我爱挣钱，爱数钱，尤其爱花钱。钱是一个必要物，曾经在一次活动中自我介绍时，我的第一句话就是：“我是周汶瑾，我爱钱。”

这是爸爸妈妈都有的品质，妈妈对金钱说话、表白时酸得不得了，她从未说过钱的坏话，总是感恩赞叹金钱。爸爸

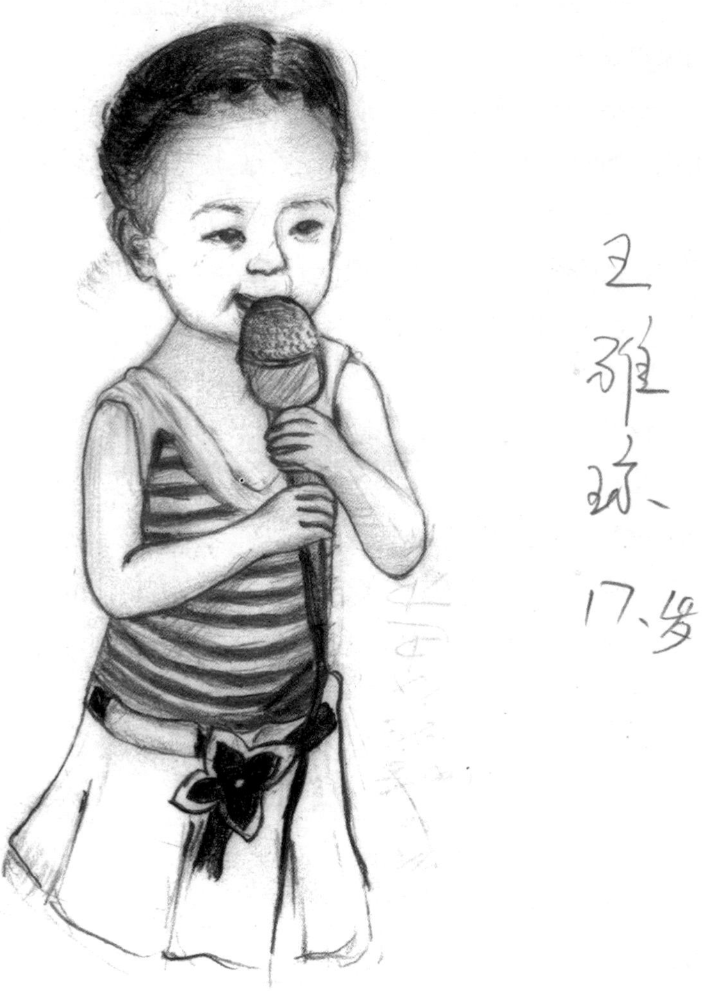

我继承了父母能说会道的基因
王雅琼　绘

与金钱的关系如同相濡以沫的老朋友，只要他愿意，赚钱如同探囊取物。

于是，我这么热烈、光明地爱着钱，钱自然也热烈、光明正大地爱着我，所以我现在住在所在城市最美的房子里，过着“奢侈享受”的生活。我爱钱所以才会花钱，挣钱是要花的，我可不想让它们躺在银行卡里发霉，说到底那只是一串数字，花出去才是真的。

我爱艺术。

我爱画画，也爱唱歌，我的品位也还算不错。

2017 年，我拿到了澳大利亚一个机构对我的测评结果，显示我未来最适合的职业规划之一就有艺术设计。我觉得这些都是遗传自妈妈，妈妈的歌喉堪称一绝，我虽然不知道妈妈画画怎么样，但是她的品位也是很别致的。她的审美在有些人看来很另类，有些人看来漂亮到天上去了。我的品位虽然还达不到我妈的那种天上地下唯我独尊的境界，但是也算可以了，比较简洁朴素。

我从 2016 年开始学声乐，虽然晚了点，但是让我自恋一下，可能因为我的天赋原因所以学得还是很快的。小时候唱歌也只是不怎么跑调，但是现在我感觉触碰到了自己真实想学的音乐。对于钢琴，在小时候虽然也有些抗拒，但是现在已经完全接受了，一不开心就弹钢琴调整情绪。

关于绘画，我是没学过，但是我钻研出来了一种绘画方式，我喜欢照着人画，画出他们的样子，但只是线稿，阴影很少。之前我还给我一个小侄子画过像，画得其实还蛮好的（反正我这么认为）。

我的写作方面也比较好。我觉得我的父母都有作家基因，我妈出过好多本书了，爸爸的文章也写得行云流水，文风清新，几乎跨越了本应有的因年龄差距而有的代沟——我有时候看妈妈的文章还会嫌弃一下里面的明显是大人的措辞用语（比如在修改她的稿子时），但是看爸爸的文章我向来看不出来作者的年龄，措辞用语都非常到位准确，超越了年龄。

我在语言方面有比较大的优势。妈妈从 16 岁就成为她所在城市的响当当的全能主持人。我的小嘴遗传了她的优势，很多读者大概都知道我三个月就会叫妈妈了，这个事情我相信周虹老师能吹一辈子。我三个月会叫妈妈，一岁八个月就可以流利地说话，两岁就会竞选班长了。我识字也快，5 岁就认识了 1500 个高频字，看文字书完全无压力。6 岁就开始在学校脱稿主持，长达六年之久。出国之后我发现自己的英语发音也好，自学的日语发音也不错。

最近一次上台是在周虹老师精品课堂上，讲性教育，我就上台给大家讲了一下我在国外的生活，还有国外的性教育是什么样子的。那一段我觉得自己讲得还蛮好，无论台下举手互动的孩子们问什么问题我都可以应对自如，反正自我感觉良好。2017年7月，我被邀请作“名师学霸见面会”演讲嘉宾，我一发音台下就鸦雀无声，我很牛地赚了2000块“大洋”。

剩下的就是些平时的优良品质了。

我是宇宙的孩子。

我认为只要在这个宇宙和世界中，我就是安全的。

妈妈与万事万物都有链接，总是说：“宇宙就是家，走到哪里都是家。”爸爸喜欢钓鱼，在我小的时候经常带着我去野外疯玩，他总是说：“我们要敬畏大自然、尊敬大自然、爱护大自然。”因为我尊敬大自然，所以大自然也会保护我。我相信在大自然的怀抱中我不会有任何的危险，感恩宇宙和大自然对我的爱护。

我是勇敢的女孩。

爸爸和妈妈都是经历过很多艰难困苦的人，但他们从不向这些困难低头，依然会昂头继续生活。我作为他们的孩子当然更加不能软弱，我要像他们一样坚强。我的父母太相信自己的孩子了，他们从未怀疑过我的能力，他们总是撺掇着我——你，可以的！你，行的！

于是，2岁左右我就开始独自在妈妈创办的早教中心上课了，别的宝宝后面坐着父母或者老人，我却一个人摇摇晃

把我培养成富人是父母最大的功德
桃子 绘

晃勇敢游走在各个教室里闯天下，不需要陪伴。妈妈的夏令营我总是最小的孩子，但最先上去尝试“吞火”这种看似危险的项目的总是我。我鼓舞了大哥哥大姐姐，我是有用的。14 岁，我一个人拉着箱子从北半球跑到了南半球，无所畏惧。

我是乐观的。

小时候印象最深的便是爸爸那爽朗的笑声，以及妈妈对待任何困难都微笑面对的态度。现在，我也成了一个乐天派，喜欢笑，习惯把所有的事情都往乐观的方向去看。

自信，是我的基本素养。

爸爸妈妈都是很自信的人，自力更生，白手起家，创造出一段佳话。我像他们一样，认可自己，勇于承担自己的责任。

这更得益于爸爸妈妈的自信气质。他们两个从不会怯场，有在任何人面前都能侃侃而谈的风度，所以我自然也不会自卑，从小到大在任何场合都镇静如常。

我是一个自爱的生命。

爸爸追求生活的品质，妈妈追求美的品质，所以我现在活得很精致、很美好。活好自己、守护自己，是我对他们的回报。

我诚信。

爸爸妈妈以身作则，他们不失信于我，承诺必兑现，一直如此做人。这是一种非常难得的可贵品质。我从小对父母坦诚相对，我们家说真话不惩罚，所以，我不说谎。

我有着深邃的灵魂。

这是从父母身上所传承的。他们的思想和某些想法向来能让我吃惊，有时候虽然不怎么说话，但是可以透过他们的眼睛看出他们的思想深度。如今，很多人也这样赞叹我。

我有极强的幸福感。

我是一个比较容易满足的人。这也是得益于父母。他们从来没有贪心地渴求过人、事、物，总是很容易就满足于所得到的。爸爸常说“天道恨满”，妈妈常说即使生活不再给予她任何事物，她也是满足的，以后得到的所有都是惊喜。

我是爱的本质。

我从父母身上体会到了两种不同却炽热的爱意。我像妈妈一样专一痴情，我像爸爸一样热情似火，但是又可以经得住细水长流的温情。我从他们的身上体会到了大爱，爱着所有的人与事物，我爱着自己、爱着世界、爱着所有。

我的优势其实还是蛮多的，而且写到这里我发现，几乎我的所有优势都是从爸爸和妈妈那里继承下来的。

我继承了父母的美德，爸爸妈妈给了我很多很多。

之所以能够写下这篇文章，也是跟爸妈学到的。他们提起父母总是那般恭敬、谦卑、感恩，还多次写《从父母身上学到的美德》。姥爷去世时妈妈专门在郑州广播电台做了一期专题节目《有其父必有其女》——致慈父周法文。我喜欢听爸妈说他们的父母，爸爸妈妈戏说病床上满头白发的奶奶身着时髦睡衣、抱着奶瓶喝奶的场景，历历在目。

我的出生就是一个他们两个优点的结合体。所以孩子是爱情的结晶，我觉得结晶这个词说得没错，我们就是一块儿巨大的结晶，有着父母、祖先身上所有的美德。

我们的身上有着千百年来所有祖辈们的优良传统，我们本身就是一块巨大的宝藏——就看你怎么去挖掘，去使用了。

但是，无时无刻我们要谨记一点——我们是最棒的。我们的好来自父母，我们拥有的不单是努力得来的，更重要的是——我们看着父母长大。

别人家的孩子

这世界上有一个非常可恶的人，这个人被全世界的孩子们共同讨厌着，因为他实在是太可恨了。这个人的名字叫作——别人家的孩子。

几乎百分之九十以上的孩子都被这个“别人家的孩子”羞辱过。当父母一脸轻蔑不屑地看着孩子的成绩单，嘴上冷不丁地说着“你看谁谁家的某某，这次考多少分，你又考了多少分”时，给孩子们的伤害绝对是巨大的，一定是每个孩子从小到大的心理阴影，甚至可能成年了也没有办法逃离“别人家的孩子”的阴影笼罩，一生都无法摆脱。

是啊，别人家的孩子成绩特别好，十项全能，钢琴十级，参加过各种奥数、英语、作文竞赛，写得一手好字……是家长的骄傲、聚会时的谈资，连老师在上课的时候都特别优待他。

估计所有家长都会有个疑惑，为什么我的孩子考出的成绩看着那么扎心？就不能像别人家的孩子那样考个一百分拿回来给我看呢？！

为什么我的孩子就那么不争气？！

我姑且可能也算是个“别人家的孩子”，不过稍微有一些特立独行，因为我并不是因为学习成绩成为“别人家的孩子”的。

虽然我的成绩一般，但是我在小学时期出的风头大概盖过了整个小学的正常版的“别人家的孩子”。那些品学兼优、经常考试拿一百分的优等生们估计讨厌死我了，甚至连喜爱着那些成绩好的优等生们的老师都有可能看我有些不顺眼。

当然，我这个“别人家的孩子”也不是凭空得来的。

从一年级开始，我就担任学校的主持人，什么教师节、运动会、演讲赛、升旗仪式，大大小小的活动主持人全被我一手承包，甚至在六年级没怎么当主持人的那段时间，升国旗仪式中唱国歌环节的指挥还是我，每周都要在全校小学生面前露一次脸。几年下来，男主持人换过好几个，我这个台柱子倒是从来没有倒下去过。

一年级时，六岁的我组织了将近十个高年级的学长去校长办公室告了只拿钱不办事儿的宿管老师，她下岗了，我则成了校长办公室的常客。一次课间路遇校长，校长随口一句：

“周汶瑾，最近怎么不来我办公室玩儿了？”谁知却吓呆了路旁的班主任，她审我：“你没有说过我吧？”我再三保证——没有。

三年级时，我联名全班浩浩荡荡向校长提交了一份请愿书：让梁老师继续担任我们的班主任。

四年级时，我获得了一个学校就三名的郑州市三好学生名额，倒是没一个人反对。

五六年级时，我进入“疲软期”，但我仍然担任了升旗仪式主持和国歌指挥。有一次国旗下演讲轮到我们班，老师说谁文章写得好谁上去讲。我写得不好，班上另外一个成绩优等生被老师看中，结果排练时大队辅导员过去一听，感觉那位同学讲得不是很好,便换成了我去讲那个女生的稿子（现在想想，太对不起人家啦）。

毕业典礼绝对是我小学的巅峰！毕业典礼的女主持人原定是隔壁班的一名优等生，结果校长试听后，觉得效果不佳，在前一天晚上突然又电话通知换成了我，家长代表也由我们班一个同学的妈妈换成了我的妈妈。我在台上主持，周虹老师则穿着一身豹纹旗袍风情万种地上了台，不留痕迹又不留余地地夸了我 10 分钟。家长们看着台上站了六年的我，估计他们会记我这个“别人家的孩子”一辈子。

身为“别人家的孩子”的我，就是这样风光无限地“称

担任小学主持人整整6年
桃子　绘

别母校
放飞
想
外国语小学毕业典礼
东新区外国语小学部毕业典礼

霸”了我的小学。

那么，你肯定想知道我是怎么样一步步成为别人家的孩子的。

因为——我家没有别人家的孩子。

我有一个随时随地长我士气的妈。

只要是在人前，妈妈便可以滔滔不绝地讲我的好，爸妈打心底觉得我真的很棒，我超棒，我是个超级好的孩子。妈妈从来没有在外人面前说过我一句坏话，在她心中，我一直是一个非常好的孩子，更别提别人家的孩子了。只有一次，我拿着一个同学的作业回家对答案，妈妈只是无心提了一句“你看她的字怎么写得就那么好”，我的眼泪立刻就如断了线的珠子“啪嗒啪嗒”地落到了作业本上，从此之后，再无“别人家的孩子”出现。

一次的对比就能对孩子造成这么大的伤害，如果你一直喋喋不休地在孩子耳边“叨叨”别人家的孩子，那么对孩子的伤害会有多大？

在这里，我向众家长们奉上一句话——

有本事你去把人家的孩子抢过来啊？如果你抢不过来的话，那以后就再也不要提别人家的孩子的事情了，生活又不是《蓝色生死恋》，没有那么多经典狗血桥段。

一次饭局上发生过这么一件事情：大人们在旁边聊得很

开心，有两个同龄孩子在我身旁坐着，一直低头“嗒嗒嗒”地打游戏，打的还是那种不能中途暂停的，全程菜都没吃几口，一直在打游戏。之后又来了个男生，一进来看到两个人都在低头“嗒嗒嗒”,然后他也坐下来和他们俩一起“嗒嗒嗒”。四个同龄孩子，一排坐，三个人都在低头打游戏，而我就宛如一朵傲世独立的雪莲坐在其中，静静地看着他们在那里玩。

有些阿姨坐不住了，向周虹老师提意见：“周虹老师，孩子们这样，你也不管管。”

周虹老师探了探头，发现我在默默地吃东西后，说：“我的孩儿又没玩儿，我管什么？”阿姨们差点儿背过气去。

就是，我又没玩儿，其他三个孩子，周虹老师没资格管，她也没什么好管的。

看着一堆阿姨在旁边羡慕的眼神，我在那一刻，又习惯性地“伸长天鹅颈”做了一次别人家的孩子。

其实这种情况几乎每次外出吃饭时都会出现。从两岁开始，我就有一个习惯——带一本书出门。现在不带纸质书了，带电子书。到了饭局，如果大人们在讨论很严肃的事情的话，我吃饱了就坐在座位上默默看书。如果妈妈有意让我加入谈话，我就放下书本和大人们一起从诗词歌赋谈论到人生哲学。如果真的不是我能插进去的话题，又没有拿书，我可能会稍稍看一会儿手机，但是绝对不会在大人要求我做什么事情的时候因为玩手机而拒绝。这并不只是因为我和妈妈对此有约定，也有我想给妈妈长脸的心思在起作用。

为何我要给我妈长脸呢？

父母没让我丢过面子，我也自然不会给爸妈丢面子。

有一次，爸爸带我出来吃饭，我安安静静吃完后看书，后来实在太困就躺在一个沙发上睡觉，还自己寻了一个大人的外套盖上。爸爸的朋友们回头看到这样的孩子瞬间目瞪口呆，我想爸爸当时也是相当吃惊并得意着。

但是，我想提醒家长，这不是今天说了明天孩子就能做到的事情，这是要日积月累养成习惯的。正所谓冰冻三尺非一日之寒，我这也是寒了十几年才"涵"出来的结果。所以现在与父母外出吃饭，我有时候连手机都不拿，只拿一本书，习惯的同时也是想要给我爸妈"长长脸"。我们家是目标一致、相互成就、精诚团结的团队啊。

有一种家庭，自己家里绝不会培养出令人羡慕的"别人家的孩子"。

有位阿姨劝孩子去听周虹老师的精品课《性教育》，上课之前说好的听课互动一天一百块，结果一到会场瞬间变成了一天十块，一点反驳的余地都不给孩子留，只是为了把孩子骗过来。孩子的心情是什么样的？这一次欺骗带给孩子的伤害将有多大？以后孩子还会不会相信妈妈的话？还会不会再来听课？这件事情发生后，他们之间信任的关系将会何去何从？身为母亲的这位阿姨从来没有想过。所以，这样的家庭只可能认为别人家的孩子是好的。

我爸妈可是不欺骗我，我也愿意成为他们的骄傲。

有一类家长是“别人家的孩子”的灭绝师太，有一次，周虹老师在课前特意强调过课程中家长不能和自己的孩子坐一起，有位阿姨明知故犯，不仅和孩子坐一起，还在课堂上不停地低声训斥孩子，最后闹得孩子下午不听课了直接回家。这就是“作”啊。

看着他们，我真的非常心疼孩子们生活在如此“水深火热”的家庭中。

这不是特例，现在有很多家长对孩子都是这个态度，从没有把孩子当过人，只把孩子当作自己的所有物，随意践踏孩子的尊严与信任，认为自己生的孩子自己怎么着都行。

在他们羡慕着别人家的孩子的时候，从来没有想过自己能不能做到像周虹老师一样，十几年如一日只说我的好话，只谈论我的优势，从来没有在任何人面前对我甩过脸色，诚信待我，张嘴就是周汶瑾多好多好，还敢为了保护我正面怼任何人。

滴水穿石，“别人家的孩子”也不是一天两天能养成的，你起码得养个几年十几年的。但是想把你的孩子变成“别人家的孩子”之前，你要先变成我妈妈这样的“别人家的家长”，这样才能把你的孩子变得和你一样，都成“别人家”的了。

家长天天念叨着“别人家的孩子”，能不能对自己孩子也公平一点，先成为你孩子同学口中的“别人家的家长”？

你看别人家的家长多好！你看你！哼！

其实，当“别人家的孩子”也是很累的，所以我最近常常自黑自嘲，我只想当个平凡的孩子。其实我这个“别人家的孩子”也不是特别标准，因为我真心期待你们家的孩子在听到我的名字时可以而且光明正大、自信满满、铿锵有力地说：“周汶瑾某项成绩没我好！”或者“周汶瑾的钢琴连级别都没有！”再者“她眼睛没我大！”

哈哈！

以后你们家还常驻“别人家的孩子”吗？

我是个“罪人”

你们家有忏悔的习惯吗?

忏悔对以后的人生有什么作用吗?

我在此忏悔，忏悔之前所做的一切。我的人生就像一个巨大的忏悔录，无论什么时刻都会做错误的事情，选择错误的答案。生而为人，真是抱歉。

我要忏悔七件直到现在都还在耿耿于怀的事情。它们也许很小，但是却让我记到现在，每次想到还会觉得自己之前怎么这么无知!

首先要忏悔的对象是在我幼儿时期被我捏死的三条小金鱼。第一次知道它们的存在是在妈妈的日记里。她忠实地记录下来了那三条小金鱼的悲惨“鱼生”。

我们出去玩的时候，逛到了观赏鱼店，我就闹着要买小金鱼，妈妈向来会满足我的所有要求，所以就买了。等回到家之后，把那三条小金鱼放到了塑料盆里让我玩，我先把手放盆里搅啊搅，之后我竟然抓鱼玩，抓到了之后竟然还捏在手里。日记上记载的是，我把小鱼活生生地捏死了！捏得特别残暴，小鱼的内脏什么的哗啦啦地流了一手，我还在那里“咯咯咯”地笑。我现在写着，内心都是崩溃的，我不敢想象那三条小金鱼死的时候究竟都经历了什么，它们看着一个庞然大物把它们捏在手心，自己不能呼吸，体验自己被捏死的感觉，死的时候该有多绝望啊？！我虽然没办法挤出“鳄鱼的眼泪”，但是这件事情一直被我牢牢地记到现在，每想一次心脏就抽一次，我没办法面对那三条小金鱼。小金鱼们，对不起，全怪我的一时兴起让你们经历了那么痛苦、那么残忍的死法，你们死的时候一定很绝望吧？对不起，真的很抱歉，我为你们祈祷，希望你们转世后有一个更加美好的“鱼生”，可以活得更好，我会为我所做的一切一直忏悔的，我以后再也不会这样“草菅人命”（或者“鱼命”）了，对不起，对不起，对不起！

我是个罪人。

其次，对我之前养的两只仓鼠忏悔。我在9岁的时候养过两只仓鼠，一只公一只母，它们俩还生了一窝小仓鼠，生了十只，最后活下来四只，那四只小仓鼠都非常健康、平安

每次忏悔后都让我成为更好的人
王雅琼　绘

地长大了。但是突然我们家养不了了，我就打算把那四只小仓鼠送人。有两只送出去了，但是还有两只送不出去，只好把它们先放着。我犯的最大的错误就是把它们俩放到纸箱里藏到了一个小草丛里，第二天过去的时候就找不到了。我把那两只大仓鼠送回了买它们的地方，但是估计后果依然不会很好，因为它们已经老了。这件事情也是现在想着就难受，仓鼠们对不起，我不应该在自己没有办法对你们负责任的时候买下你们养你们，都是我的错，我太不负责任了。我以后养宠物的话一定要在确定自己能够负责任的前提下养，不能因为一时冲动就买下它们，然后不能给它们一个好结果。

我是个罪人。

前几天和妈妈一起打车的时候，我把某位阿姨送给妈妈的一大束花放到了座位旁边。中间因为一个急转弯，那束花倒在了我的面前。我虽然已经感觉到了那束花在眼巴巴地看着我了，但是我依然没有把它扶起来，只是平淡地看了它一眼，然后继续望向窗外。接下来司机叔叔和妈妈都有些不对劲，我能够感受到。叔叔停下车检查，结果发现花束里的水漏到了车后座上，弄湿了一些。看得出来那位司机叔叔是一位非常讲究的人，直接停车拿干布来后座擦了擦。妈妈一言不发，她不会在外人面前指责我。回到家，妈妈也没有发脾气，而是温柔地问我："为什么不能扶一把？你是一个与万事万物链接的孩子，百合花多么期待你能够扶它们一把。”其实我早就知道错了，惭愧了一路，心生愧疚。我当时到底为什么没有扶起来呢——因为懒，懒到连束花都不想扶的地步。司机叔叔，对不起！我实在是太懒了！百合花，对不起！我向你们忏悔！

我是个罪人。

接着是对我的二舅周道先生道歉。在我 10 岁左右的时候，有一次二舅来我家住了几天。二舅总是对我很好，我想要什么都给我买，我想吃什么也都让我吃。但是就在某一天，二舅买完药后，我突然想吃面包，就让二舅开车带我去买面包，但是二舅可能是因为累了或者不想让我吃太多东西，就没有同意。我当时也不知道哪里来的怒气和勇气，竟然拿起刚买的药盒就砸向了正在开车的二舅。我现在写这段的时候心就在滴血，我还记得当时二舅的表情，显然是对我极度失望，但是又不想对我生气，只能默默地承受着我当时的毫无理由的气愤。二舅，对不起，我再正式地向您道一次歉，真的很抱歉，对不起，对不起！这件事我每想到一次就像在心口割一刀一样，已经让我疼了六年了。二舅，对不起，我以后会孝顺您的，对不起！

我是个罪人。

我曾经对一个在小学喜欢过我的男生做过非常过分的事

情。他一直喜欢我，表白过，我一直知道，我们的父母关系还蛮好的。但是突然有一段时间，应该是在五六年级左右，我突然特别讨厌他。他对我说什么，我都会怼回去，态度极其恶劣，我也不知道自己吃错什么药了，就非常讨厌他，他努力学习一直品学兼优，希望得到我的认可，可是我就是不理他。妈妈曾经问我："在这个世界上是喜欢你的人多好呢，还是讨厌你的人多好呢？将来你会后悔的。"但是，我那段时间就是拗不过弯，讨厌一个如此关注我、喜欢我的人。我在那之后也有好好道歉，但是那一段时光的事情忘不掉，一直记到现在。对不起，我当时伤了你，一定给你留下了特别深的伤害，对不起，对不起！

我是个罪人。

在澳大利亚上学，我因为"大嘴巴"伤害过两个同学，我把她们的秘密肆无忌惮地传播了出去，直到她们骂我，我才发现自己原来一直如此肆无忌惮地活着，我做的很多事情是错的，我经常在伤害着我身边的人。她们骂我，我并没有感到生气，我在开心甚至在庆幸她们当时对我的态度，我做错了。我也在一直向她们道歉，这件事情短时间内我想我是忘不了了，我会一直记着它，当一个"血淋淋"的教训。希望以后每次说话前就会想到这两个事件，时刻提醒，这样我就会避免在同样的地方跌倒，对不起，我忏悔。虽然同学们都很好，在之后原谅了我，但是我依然要记着这两件事，一定要把这两件事深深地刻在我的脑海里。对不起，对不起，真的很抱歉！

我是个罪人。

我最大的罪不是这些，我甚至怀疑过父母对我的爱。

我怀疑过妈妈对我的爱，我有一段时间一点都不信任她，我怀疑她对我的爱，我甚至有些讨厌她，有些恨她。在爸爸和妈妈离婚不久后，我会时常去爸爸那里住一段时间。毕竟我还是个孩子，就会对和谁住啊、和谁一起生活啊、应该和谁更好一些啊产生疑问。每次一和爸爸住在一起就会有一些叔叔阿姨在我面前说妈妈不好，而每当这个时候我就会开始怀疑妈妈到底爱不爱我，是不是在利用我？现在回想起来，我有什么可以利用的呢？妈妈十几年如一日为我付出，她是最好的母亲。可是那一段时间，我的内心产生了极大的动摇，肯定会对妈妈产生伤害，妈妈，对不起，我竟然怀疑过你对我的爱，对不起！

我和大多数的孩子们一样，也怀疑过爸爸对我的爱。特别是在爸爸妈妈离婚之后的很长一段时间里，我总觉得爸爸妈妈没一个爱我的，我就是个“拖油瓶”，跟谁都会添麻烦。我也没有太优秀，也不值得爸爸这么爱我。那一段时间我跟魔怔了一样，天天否定着爸爸对我的爱，就相当于否定自己整个人存在的意义一样。后来妈妈及时发现我的苦恼，经常对我耐心讲述爸爸的好。渐渐地我也开始回想起了爸爸对我的好，小时候和爸爸在一起的回忆慢慢地多了起来，我才发现爸爸是多么爱我。爸爸，对不起，我忏悔，我曾经怀疑过你对我的爱，对不起，对不起，我忏悔！

我现在看到了您对我的爱，看到了父母的爱、家人的爱、同学或朋友对我的爱、老师对我的爱、甚至是素未谋面的人对我的爱——世界充满着爱！

但是同时，我的身上也充满着罪恶，世间所有的人都拥有着罪恶，我并不是唯一，但是我选择带着一些罪恶感上路。

我是个罪人。

为什么我周汶瑾会自发忏悔，会清理自己内心的垃圾，因为我看到妈妈在每晚睡前都会做这些。妈妈每天晚上都会总结一天，会忏悔、感恩当天所发生的所有事情。

你我皆为罪人。

当我陷入自我否定

孩子的自我否定和恐惧究竟来自哪里？

孩子与父母的关系对孩子人生的影响到底有多大？

“我害怕……”

“我恐惧……”

“他们可能一点都不喜欢我。”

“他们其实都是装的，他们没有觉得我多厉害。”

“那些叫我小周老师的人都是因为你厉害啊，我妈妈可是周虹老师，他们因为你是我妈所以才这么叫的。要不然谁愿意叫一个孩子‘老师’？”

“我估计啊那些都是客套话。”

“我觉得我们班的人都不喜欢我，其实这边种族歧视还是蛮严重的。”

“啊啊啊，他们听了我唱歌 / 知道我这次的成绩 / 说英语 / 说日语水平之后该瞧不起我了……”

“我真的不想去那个夏令营啊，真的好恐怖啊……”

“为什么爸爸和妈妈长得那么好看但是我自己却那么丑呢，你看我眼睛小的……脸也很大啊，上面还都是小痘痘。我爸都快一米八了为什么我才一米六啊……”

为什么我这么糟糕呢？

为什么我这么讨厌自己呢？

为什么我这么差，却还有人爱我呢——其实他们也是装的？？

我害怕，我抗拒，我恐惧，我怀疑……

我把所有的负面情绪都用在了爱我的人们身上，我甚至怀疑父母也不是真的爱我。

我对所有的事物都抱着恐惧，我不惜用着最大的恶意去揣测身边的人，我怀疑这个世界，我恐惧，我抗拒这个世界。

漫漫长夜，我问：“神啊，您爱我吗？如果您爱我，那您为什么使我如此否定自己呢？”

“我想爱你，可我没办法爱你，我的孩子。你如此否定自己，否定自己的价值，甚至否定自己生命的源头。你又是为何做到这种地步呢？”

我……我不知道。

从青春期开始，我的自我否定就开始变得愈加疯狂、愈加肆无忌惮起来。

第一步：我开始否定自己的长相。

我看着自己的脸，怎么看怎么不顺眼。我的单眼皮使眼睛形状显得很奇怪；我的脸盘超大；我的皮肤不够白不够无暇；我的脸庞怎么照都是特别丑（这就是我常年不自拍的原因）；皮肤上有很多小痘痘；身边和我差不多高的人都比我瘦比我白……

我怎么这么丑。

第二步：我开始否定自己的文章。

我看我写过的文章怎么看怎么不顺眼，看文章下面的赞叹之声也是怎么看怎么觉得那么假，觉得这些都是虚伪的体现。大家的赞赏也是因为周虹老师而已吧。说的也是，谁会愿意夸一个文笔一般的处于青春期的无知女生呢？

第三步：我开始否定自己所得到的荣誉。

我的英语水平只要是个人去国外待个几年都会比我好啊；我的日语水平也一般啊，比我好的人有很多；我的文章只要是个人都写得出来；我懂的东西只要是个人都能知道；周虹老师的女儿也是个人都能当啊；大家都叫我“小周老师”，也是因为我是周虹老师的女儿啊……

我真的很平凡，或者比平凡更差劲。

第四步：我开始否定自己的整个人生。

我真的是太糟糕了。

我真的，真的，太糟糕了。

最糟糕的大概是和周虹老师一起录电台节目的时候吧，这一天也终结了我的黑暗之旅。

我遭遇到了传说中的从不给麻药的周虹老师的“手术”。

我和妈妈一起录了大概三分之一期节目后，就再也不想录了。我感到很生气，心里有一股莫名的抵触情绪，反正就是再也不想录了。周虹老师使出浑身解数好说歹说，我就是不去。

于是我们爆发了有史以来最大规模的冲突。

她站在屋的那边，我站在这边。

我说：“你对我的看法不真实，你不了解真正的我是多么的无能、懦弱、渺小，你不知道我是多么的糟糕！”

她无比强大,冷静地看着我一言不发,越发显出我的渺小。

唉，无论怎样，只要你是生活在周虹老师身边的人就都是有救的。接下来，传说中的周虹老师的“手术”在我毫无准备的情况下悄无声息地开始了。

我们坐下来开始聊的时候，我被惊到了。

妈妈：“否定自己是个坑，大坑，人人都躲不过。你，如果想早些从坑里爬出来，需要没心没肺地突破自己的恐惧。第一，今年你在做一些前所未有的事情，写书、录制收费节目，你会有恐惧——我何德何能啊？这是不值得、不配得的心理状态。第二，这些成就面前人们一般会退缩——我与我深爱的一些亲人不一样啊，我比父母或者父母一方活得好啊？好大的罪恶感……孩子比父母活得好永远是正确的。任何一位父母都希望孩子比自己活得好，孩子却狭隘地以为自己比父母活得好是背叛了父母。”

我似乎明白了些什么，难道我的自我否定是潜意识中忠诚于谁吗？

“需要一个个去看这几年发生的事情，你自己去一个个看清真相，否定自己其实是出于‘爱和陪伴’。但是这种为了证明自己‘清白’的爱是最要不得的，是成就自己的障碍。这是对生命的破坏力。”

妈妈看着我的眼睛讲起了我们两个族群的一些事情，我开始哭。她每说一个字，我的泪水就多出十滴。我不知道我在为什么而哭，我也不知道为什么我听到这些词如触电般，突然心如刀割、浑身悸动、泪如雨下。但，我知道，妈妈触碰到了我潜意识中隐藏最深的秘密。

当她抹着红红的眼眶讲完的时候，我早已捂着胸口哭得不能自已。这真的是我有史以来哭得心理和生理上最痛的一次，也是最痛快的一次，等我平静下来，身心好像卸下了千金重担。

心理彻彻底底做了一次大清理。

那一晚，我发现了连自己都不知道的我的秘密，发现了最近我为什么否定自己的真相——我从来没有想过我竟然和父系族群链接得那么深，我也从来没有体会过血脉的力量竟然有这么强大。

血真的浓于水啊。

我其实一直有股罪恶感，很少回老家，我以为对自己的张氏族群没有多少亲情。但是经过这一次乌龙之后，我才知道自己是多么爱爸爸和我们张氏族群，我是多么爱我的父母祖先啊。

那一刻，我明白了为何我如此热衷于否定自己，我为何恐惧抗拒着所有的事情……

潜意识中我就宛如背叛了我的族群一样，我自以为与他们活得一样才是爱，我不能这么没心没肺地独活啊。我要和他们一样，才是忠诚于他们。我出于对族群所有人的忠诚，我以为自己不能活得很好，我用着全身心在抗拒着眼下获得的美好。

妈妈的“手术”让我明白了，何为真正的独活。

族群需要繁荣富强，我是被族群祝福的孩子，历代祖先允许我与他们活得不一样，他们只要我活得好，他们不在乎我与他们是否一样！这是一件需要真正勇气的事情，和亲人的活法不一样，是最需要勇气的事情。

你需要带着光宗耀祖的决心、带着你这一个族群分支独活的勇气，你需要更强大的内心。

当你接受了你的命运，认祖归宗，你将会获得所有祖辈的力量。

可以想象一下，你的身后站着你的父母，他们温暖的手支撑着你的后背，他们的后面又站着爷爷奶奶、姥姥姥爷，就这样一代代祖祖辈辈……到最后，你的身后是生命的源头，发光发亮的生命的源头……

你，站在最前面，感受后背的力量，你将无所畏惧！

开学之后，我发现自己真的变了。之前所有的恐惧几乎全部没有了。之前所有否定自己的东西全都有了全新的看法。我的外貌，是鲜见的古典之美；我的文章，都是神来之笔；我的荣誉，是我应得的；我是受人尊重的父母的女儿，因为我投胎投得好啊，投胎也是个技术活啊，而我便是其中的佼佼者。

在立春那一天，我突破了自我。

总算在近来的“自虐”中找到并回归了自我。

在这一刻，我感觉后背长出了一对强而有力的白翅膀。

我不再拒绝来自祖先们和双亲的爱意推力和绵绵的福泽，于是我就成了拥有着强大双翼和内心的崭新的我。

我与妈妈约定，新书上市署名——张周汶瑾，我的名字叫张周汶瑾。

我是张周汶瑾！

你经常否定自己吗？

你知道自己为何否定自己吗？

学习到底是什么

别人与你孩子对立时，你会站在哪一边呢?

你爱学习吗?

大家是不是都觉得作为亲子教育专家的孩子周汶瑾应该是次次考试满分、闲着没事干时手边都抱着一本书、作业全部认真完成、绝对不抄袭不借鉴、最强大脑堪比超人、天天梦中惊坐起喊着“我要学习”的一个具有非常奇幻风格的学霸。

你想多了，我并不是，虽然我也很想成为这样的人。

我学校的学习成绩不算好也不算差，闲着没事干时一般都耳朵里塞着耳机，抱着 iPad 或者你们口中所谓的“闲书”翻来翻去，作业会写但是除了我特别喜欢的学科一般不会太认真，实在不会写的时候依然会去借鉴学霸的作业，嘴里天天喊着“我好饿”“No，我一点都不想去写作业”“哇这个口红颜色好好看”的一个普通 15 岁女生。

我是个普通孩子，一个不是很想上学也不是很想写作业的平凡的青春期少女。

从小，我就是一个对学习这件事情抱着非常随意态度的人，因为我爸妈不怎么在意我的成绩。听他们天天说“哇这次又是全优”，其实班里百分之三四十都是全优。我靠着对语言的天赋优势，在数学没考过一次满分的情况下，靠英语和语文拉分，还算不错地度过了小学时代。

我觉得那个时候其实挺好玩儿的。作业几乎没有在家里或是在非常安静的地方写过，当时我写作业的主要战场是在健身房，即喇叭里一直放着激昂的、有节奏性的音乐的，充满了汗臭味的一堆肌肉男女来来回回走动的场所。我就坐在那里，平静地翻开我的《黄冈小状元》或者是寒暑假作业，拿着两块钱一支的水笔“唰唰唰”地写着。

这大概是一些家长怎么也不敢做的事情吧。

还发生过一件大多数家长不敢做的事情。

小学的时候我们要背乘法口诀，有一次默写的时候我写错了，于是我那帅帅的数学老师让我回家抄十遍乘法口诀。抄到第三遍时，我觉得实在是抄不完了，于是我妈帮我把乘法口诀抄完了。于是，理所当然的，数学老师肯定会请家长了。

接着你们无法想象的一幕在我们教室门口发生了……

只见我妈气定神闲地站在走廊里，对面我数学老师——一个一米八的大汉目露凶色地朝我们走过来：“你是周汶瑾家长吧，我要找你。”

周虹老师柳眉倒竖：“我也想找你呢！”

“周汶瑾同学的作业不是她写的！”

“是的，我帮她写的。”

对面数学老师瞬间懵了，刚刚酝酿出来的气势瞬间化作虚无。

“老师，您知道一个七岁小孩儿抄一遍乘法口诀要多长时间吗？！”

“这……大概半个小时？”

“那十遍呢？！”

数学老师被惊呆了，估计他还从来没见过这样一个敢和老师直接据理力争的家长吧。

……

那一刻，我看着我妈为了我和老师怼的雄伟身影，顿时觉得她身高两米八。

于是以后学校老师对我好客气，再也没有找我麻烦了，也许教研室一传十、十传百，老师们都知道了：周汶瑾的妈妈是个“二百五”。

其实后来妈妈与学校的老师们关系极其融洽，如今老师们都有周虹老师的微信，老师们都佩服这个奇葩家长。

妈妈对我说过：

教育的底线在家庭，每个班级那么多的学生，老师们多辛苦啊，你的成长由家庭负责。

还有个秘密，从小到大，我所有需要签字的作业，都是我自己签的。我妈手把手教我练习她那行云流水般的签名。她相信我，完全相信我能够按时完成家庭作业。我想，其实正因为这份信任，我才不敢撒谎。现在发现，成为一个好学生，就算是成绩不好的好学生也是对得起父母的。

我妈从没因为成绩而骂过我一次，唯一一次被我惹恼了对我拍桌子，是因为那次语文考试卷子有一道默写诗的题，结果我写的是另一首诗，四年级了还考六十多分，简直难以理解。

就算成绩是这样，我妈妈也没有骂过我啊。她还经常撺掇我在考试之前几天放松。故此，每次大考我的发挥都很好，小学毕业考全年级排名竟然是几年来最靠前的，是运气还是心理优势，你们一看便知。

初中上了实验班，与全省精英少年比较，我的成绩更是没有小学时候好了，数学几乎都是在 60 至 80 分之间，唯一一次考了93分，那次还几乎全班都考了100分；语文只能在75至85分之间徘徊，还都只能靠作文拉分（其实说实话我那时的作文也一般）；英语也是只能在80至90分之间。

直到现在出国学习，随着状态越来越好，成绩也跟着变好了。最近这几次考试成绩都不错。

但是，在每次领成绩的时候，看着大家如临大敌的样子，我是显得多么的轻松得意啊。

各位家长，你敢对你的孩子这么做吗？我们家之所以敢这样做，是因为爸妈从小对我的定位——学习，是从出生就开始直至生命的最后一刻。小学玩，初中稍努力，高中冲刺，大学深入专业学习研究。

我如今在澳大利亚学习快两年了，作业更是全靠自觉。在学校是我最快乐的时光，完成一个论文专题时心情倍儿爽。如今，我已经开始着手研究两年以后考大学的优势科目：英语、日语（语言项都加分）、中等数学、中文、声乐、乐器、心理学、美术……

从小，我被灌输的观念就是学习并不只是考试和作业，生活的方方面面都是学习。我在唱歌，我在练钢琴，我在写文章，我在学日语，我在学英语，我在学做人、做事，我在了解“眼色”，我在学做饭，我在学编头发，我在学习如何打扮自己，我在为了出嫁而把自己变得更好，而我现在在写书……

我在学习。

我去触碰生活中的方方面面，我去试着了解人生，我去深入地体会这些直到最后它变成我的东西——这叫学习，不叫“干不正经的事”。有很多家长都把学习看得过于片面，可学习并不是这么片面的事物。它不只代表堆积如山的卷子和习题，它代表着这广博的世界，甚至是宇宙。

当我 20 岁之后走出校门，所遇见的一切并不都和我的成绩有关。人家娶媳妇总不可能是看着哈佛成绩单挑选那个综合成绩最好的人吧——挑的是综合品行。我是否幸福、喜乐、成功、健康，都与学习成绩单无关，只与我如何生活有关。

对于我来说，我现在的学习是在生活的方方面面，当然学校也有，但不是全部。我对我自己的计划是考上大学，拿上优势专业的文凭就好了，当然为了这些也是要付诸努力的。但是我会把更多的精力放在那些对我将来有更大作用的学习领域。

我现在的职业是学生，我就要努力去学习。

同龄的朋友们，看了这篇不知道你们有何感想，尝试着勇敢一些与父母聊聊人生吧，告诉他们如何做才能配合你好好学习，别把父母想象成无所不知的人，有时候，他们真的需要你的提醒和帮助。自由自在的日子需要我们自己勇敢地去把握。

热爱生活，就是热爱学习。如果你只让孩子热爱学校的学习，不热爱生活，那就会发展成厌学。这是周虹老师近年来接触了成百上千的家庭、成百上千的孩子而得出来的结论。

故此，我爱学习，更爱生活，生活与学习不可分割。

学习，是我们一辈子的事情，古语“学海无涯”，还是很有道理的。但是这个“学”，范围真的很大。

我爱学习，学习使我快乐。

你呢？

道歉的好处

有时，为什么不管是不是你的错误你都要道歉呢？

道歉又有什么好处？

我是一个擅长认错的人，在与朋友发生冲突的时候，我一般都是第一个认错。我觉得在某些特定的场景下，认错并不是因为真的觉得自己有错，而是认错是正确的抉择。

也就是说，认错是一个选择项，你只不过是在正确的情景选择了正确的答案而已。

你认错是通过分析当下的情况而做出的一个对你有利的选择，不一定是因为你真的错了。我觉得能在对的时候主动认错也是在平常人际关系中非常必要的一个小技能。

我之前办过一个傻事，请看完之后立刻忘掉——因为你们肯定会笑我的。

我的学校每隔一段时间都会来几个中国新生，在某一届的新生来了之后，我突然特别讨厌一个新生。可能是因为她脏话说得比较过？或者是因为她看起来太不可一世了？我就非常诡异地、不知理由地开始极度讨厌起了她。一看到她我就烦，关键是她好像还特别喜欢我，吃饭、聊天一直粘着我。当初我的眼睛宛如被蒙上了一层纱，跟魔怔了一样天天说她坏话，讨厌她到极点。我从来没有这么讨厌过一个人。

然后我就开始“作死”了。

我就对一个同学说：“你去告诉她，Joan（我）好像不想和你交往。”我当时也是被奇怪的东西蒙蔽了头脑，连这么幼稚的宛如幼儿园闹脾气一样的办法都能想出来。

然后我同学就去说了。但是不知道她是真傻还是装傻，她对我讨厌的那个人说的是：“Joan 让我对你说她讨厌你。”

我当时的内心可谓是崩溃的。我原句可以说还是比较含蓄的，只是让对方知道一下我不是很喜欢她，她就会远离我了。但是我同学这么一说，这不就是明晃晃的宣战嘛！

对方果然是气得要死，她还是个比我们大两岁的算是混出来的一位大姐大，当即就给我打电话（我那个同学还把我的电话号码给她了）直接沟通。

我怂了。说了几句之后立刻挂电话，设为拒绝来电。

然后对方彻底被我惹恼了，找同学要我照片想挂到网上，但是没有人有我照片（因为我自拍都不发到网上）。她又扬言要找人教训我一顿，当然当时的我是不相信的。

虽然不是很相信，但我依然很怂，颤巍巍拿起电话告诉了周虹老师。

我们家有一个伟大又实惠的家规——说实话不惩罚！所以，惹出这样的祸事，我可以勇敢地向妈妈求助。

周虹老师这次没有我想象中那样安慰我说没有事，而是头一次直接批得我狗血淋头："你没有保守誓言，你没有确保自己的安全！我们不能确定这个女生的家庭状况，校园伤害事件都是无底线无控制的，更何况这是青春期少年，情绪是无法掌控的。"

是啊，我怎么能够忘记呢？最重要的是——我不可以出事！

周虹老师反应迅速，让我表哥去打电话，代表我表示歉意。表哥温文儒雅，对方果然客气。他们聊了一会儿之后，我的大脑突然告诉我：你要去道歉，毕竟是你错在先，道歉是你必须做的，保证你的安全，你自己才最有责任。

于是我就一把夺过电话，刚好那个时候还在哭，我就以非常弱小的、委屈的、可怜的哭腔语气道了歉："对不起！对不起！！"

我本来以为去道歉会显得自己非常没脸，会显得自己“输了”，其实道完歉才发现并没有，因为这是为了我在外面保证百分之百安全的一种手段。

姐姐气消了，我彻夜难眠，感恩上天帮助我。

后来才知道，那个姐姐真的是有背景，家中势力也不容小觑。如果她当时真的气急败坏想找我点麻烦是非常简单的。所以我道歉真的是明智之举啊。

由于我的真诚道歉，在那之后我们的关系反倒是变得越来越好，她邀请我去家里做客，教我化妆，还送了我很多化妆品和两条超好看的昂贵的礼服裙子。我真的有被老大罩住的感觉，同学们也干脆就直接称呼她——“大哥”或者“扛把子”了。

越了解她，我越感觉自己的无知。“大哥”性格直爽，爱国爱家。出国在外，她一次次勇敢捍卫中华民族的节气，谁说中国的坏话她就拍案而起据理力争，直到对方落败。

在大是大非面前，她的眼睛里不揉一点沙子啊，我怎能因为几句脏话就评判她呢？

我还看到了她对我们的爱。因为她比我们都大，就会时常护着我们；在我那一段几乎没有社交，连午饭都没有人陪我吃的日子里，是她在我身边。我反倒没有感谢她，甚至还拿起淬了毒的长枪把她刺得遍体鳞伤。

可谓不打不相识啊。

感谢这次事件，都是因为我道了歉，我示弱了，才会让人家感到我不会伤害到她，我很无害，我被吓着了，我很弱小。这个时候，道歉就是为了保护我而存在的。

那么，那天为什么我会想到要道歉呢？因为我看着父母长大。

当时我突然想到之前在妈妈身上发生的一件事情。

妈妈有一个朋友，之前和妈妈关系一直很好，妈妈也一直与她交流着心得，时常对朋友提出一些建议。

但是过了一段时间之后，朋友得了重病。我无意看见妈妈手机上与这个朋友的对话，大吃一惊。

这位朋友的话语咄咄逼人，说自己其实从来没有完全相信过妈妈的成长理念，还说曾经试着用过一次妈妈的建议，差点闹出了大事，她感觉是妈妈的方法有问题而不是自己操作的问题。这位朋友甚至指责妈妈收抑郁症学员，还说，特别是最近自己患病以后，更是反对妈妈的理念。

妈妈听到了这些话以后并没有生气，也没有任何辩解，只是一味地跟着这位朋友的情绪走。

妈妈的回应——唯有接纳！

——你说得都对。

——我确实有错。

——对不起你了。

果然，当听到妈妈说对不起后，朋友便不再纠缠，说："听到你说对不起，我就平静了一些。"

我百思不得其解，多年来妈妈帮助了很多被诊断为抑郁症的人走出困境，就在那几天，虹汇电台还有几位抑郁症康复的阿姨在节目中分享如今走出抑郁生活的体验，分享家庭财富增长的故事，为什么不解释不探讨，反而道歉呢？

我不解地问妈妈："为什么你要这么说自己呢？虹汇治愈了多少抑郁症患者啊？抑郁症患者那么多怎能不帮助呢？"

妈妈说："要让人家赢啊！"

"啊？为什么？"

妈妈耐心地向我解释："对抗是纠缠，争论是纠缠，吵架是纠缠！"

"啊？"

"首先，人家已经身患重病。在一个人患病的时候还与之对抗，太没有涵养。其次，人家的身世复杂，从小有很多期待没有被满足，可以看出来，现在她的内在还有个'忧伤小孩'，还在向外界求着爱与关注，与她争论，伤人伤己。要看到人家的苦，让人家以为自己掌控了事物的方向，这对患者是最大的安慰。这是慈悲。"

让别人赢，成就他人，这是慈悲！

我被震撼到了。

从这件事情之后我就明白了，道歉并不意味着你输了，而是一种避免事情向更坏的方向发展，更好地解决问题的方式。你选择首先示弱，说自己不对，并不是你真的错了，而是避免双方纠缠，并同时对双方都是更好更有益的出路。

从此以后我就经常做到先道歉，不管是不是我错了，我都先道歉。

道歉，是不为无所谓的事情浪费口舌和精力；

道歉，让事态向好的方向发展；

道歉，是保护自己；

道歉，是看到对方的苦；

道歉，是成就彼此。

在适当的时候道歉，是一种日常生活中必备的保护自己的手段。

对不起，我错了，只要说出来这两句简单的话语，便会规避你身边的很多的危险，也会避免浪费你很多的精力。

道歉是不纠缠，道歉是和解。

我爱道歉，道歉使我更有力量。

你喜欢道歉吗?

不要对同学有过多期待

我有很多朋友，但那是在幼儿园时期。

那时交个朋友特别简单，我只要抓住人使劲儿夸，或者给人买个冰激凌，就能得到个好朋友。当时我的朋友遍布整个小区和幼儿园以及幼儿园的周边地区，“四海为友”。

我还是比较喜欢以赞美人交朋友，我会夸对方的衣着、谈吐和优势：“哇，你头上的这个小卡子好可爱！”经过这个开场白之后，我们就会开始聊天，聊着聊着再分享个冰激凌，就是拜把子了。

小孩儿的内心多简单！

直到上了小学，我也有好多好朋友。小学一年级竞选班长的时候，我几乎全票通过，直到四年级，我一直是班长，没有人对我在这个职位当职抱有过什么异议。我和班上的大部分同学关系都很好，和班主任关系特别好，和大队辅导员

面对人际关系，我总是接纳、微笑
王雅琼　绘

关系也不错，甚至校长都让我经常去他办公室里玩。四年级时，我还荣获了市级三好学生——我现在都还能记得班上那个次次考前几名并获得了“郑东新区文明学生”荣誉的女生向我投来的宛如刀子一般的眼神，说实话，心里还是挺爽的。

我不知道我做了什么，但是大家似乎都特别喜欢我。当时天天有人传我有背景，肯定和学校有什么不可告人的秘密交易。

小学就这样恣意飞扬地过去了。

到了初中，我发现自己好像没有朋友了，单靠赞美已经不能交到朋友了，每当我赞美他人时，总会收到稍微有些尴尬的回应，之后便再没有了回信。

当时我问妈妈，妈妈就说：“青春期不能靠赞美人了，要升个级。你去试试——”

喜欢上你讨厌的人

我接下了这个挑战。

当时班上有一个我蛮讨厌的女生，她的性格太怪了，经常无缘无故“呛”我。

我大概用了半年的时间去接近她、触碰她、试着了解她，最终我了解了她的家庭和她的生活，我才知道妈妈嘴里经常念叨的——何为“了解创造慈悲”。

我摸透了她的性子，摸透了她的喜好，和她成了最好的朋友。到现在我发现，她是一个那么厉害的人，我为和她是朋友而感到骄傲。

她似乎什么都会，什么都懂，她的成绩总是在年级前 20 名；她曾用一个可爱的小兔子形象画出了令人惊叹的动作大戏；我曾看到她在马背上肆意飞扬的照片；她学过跆拳道；她用无比端庄秀丽的毛笔字写出了《醉翁亭记》……

但是她不开心，因为这些都是为了让父母满意而为。她没有朋友，她的脾气怪并不是针对我，她有太多的压力要释放。所以，她再“呛”我的时候，我让“呛”经过，让“呛”离开。

她：“别理我，烦着呢！”

我：“好，让你先烦会儿。”

她：“你怎么这么傻？”

我：“有你聪明就够了。”

慢慢地，她不“呛”我了，在一起越来越舒服。

直到现在，虽然我们已经不怎么联系，但是我依然为和她成为朋友而感到庆幸，我很开心，没有任何遗憾。

后来我就出国了。

几乎所有出国留学的学子都有过一个梦想——交上一堆

外国朋友！

我也抱着这样的想法！

然后发现，似乎……不太可能。

先不说文化上的差异，语言上的障碍就使得我们之间没办法进行特别友好的相互往来。所以受到了巨大打击的我又顶着刚出国的巨大压力，将寻求友谊的手伸向了和我同一班的同一届新生，一个非常可爱的澳门女孩。

我就像把自己捆到她身上一样，对身边的所有人视而不见，只看到她，只向她求关注、关心、要爱，绑架她成为我的“朋友”。这样当然是不行了，她肯定感受到了巨大压力，于是她就离我而去了。当时我还觉得自己委屈，觉得受伤，甚至觉得她是白眼狼——我对她这么好，她就这么对我。

那时的我就跟受委屈的小媳妇一样。现在想想，其实我才是个智障，想那样把一个和自己无亲无故的人捆绑到自己身上，人家不被吓着、不逃走才怪呢。

了解了自己的“险恶用心”之后，我开始尝试“放下”她，不再向她求那些她根本给不了我的东西，反而关系转好了一些，比之前的求而不得可谓是巨大的进步啊。

怎么说得跟我在追求人家一样？

然后我开始尝试接触其他的中国同学们，和她们的关系也变得好了起来。在 2016 年底的一次夏令营后，关系彻底好了起来，毕竟是同患难过的。

起码我是这么想的。

但是我天真的性格依然是没有改变。我以为总算交到一群好朋友了，但是发现其实总会有同学因为一些事情把我排除在外，甚至事后我什么都不知道。

我发现，我其实还在向她们求爱、求关注，我还在无止境地求着。

一位香港同学经常发表对大陆的不良言论。学期末，发生了我们反击对中国学生种族歧视的一个大事件，我们这些关系稀松的孩子们虽然平日不在一起玩，却通过民族共荣性而站在了一起，为了捍卫我们身为中国人的尊严，我们团结了起来，爆发了大概是学校历史上第一次“华人起义事件”。

我们无比坚定地站在了一起——为了捍卫祖国的荣誉！

学校接受我们的抗议并认真回应，那位香港同学果然被我们震慑住了，再也不敢说什么。

那天晚上，我慷慨激昂地与妈妈描述当时我们痛哭流涕振臂声讨的情景，久久不能平静——但其实我没哭，我一直承担着给同学们递纸巾的“重任”。

妈妈冷不丁地问我：对人际关系有没有新的感触？

我一下子想通了，人际交往其实是个非常有趣的东西，就像一口美食一样有着丰富的层次感，每一层都大不相同。

妈妈接下来说的一些话我似懂非懂但是终生难忘。

“人际交往应该在多维度多空间展开，人际领域维度越丰富，生活就越容易，人际允许接纳维度越低，生活就越艰难。”

多维度空间的人际交往，哇，不可限量的人生啊！

虽然不是特别懂，但是我会记着的。

现在我和很多圈子若即若离，不再把自己局限于在哪里，反而获得了更多的朋友，甚至和澳洲女孩儿不知道怎么回事开始玩了起来。我现在有着各国的朋友：澳洲的、日本的、泰国的和中国的。我看着和所有人玩得都好，但是又不把自己局限在某个特定的小圈子里；我和所有人关系都好，但是都不深交。就像古语所说：君子之交淡如水。

妈妈说：“凡是自己一个人待着就能够舒服的人才是人际高手。能够和自己在一起，意味着满足、不匮乏。进入人群反而不会向外求，没有冲突。这样的人活得像个大富翁。”

我接受了妈妈的观点，发现很多人际关系都是在对他人求爱和关注。在这样的人际关系里，你会像一个乞丐一样向别人求，乞求别人给予自己一点爱、一点关注，这种求的过程就像吸毒一样，永无止境，自己毫无察觉，也永远不会停止。

这种行为来自于父母在孩子小时候没有给予孩子足够的

爱和关注——因为他们自己都还是孩子，没有办法去产生爱，只能去吸收爱，但是无论怎样，爱是不够吸的。而孩子会把对父母的渴求栓到自己身旁的人身上。

我现在就有了觉知，在进入一段关系的时候便会时刻注意着不要向别人求，不要将对方当成自己的父母去要求他们，因为他们不是父母，也根本给不了父母所能给你的。

我现在依然喜欢赞美人，看到对方的好就会立刻说出来，即使得到的只是对方的一句："你发痴嘛？"我也孜孜不倦地赞美着别人。

只不过，我再别无所求。

我信了我妈的“邪”

你确定自己拥有很多关系吗?

你与身边的人、物、事真的有链接吗?

我妈是一个非常“邪门儿”的人，有时候我感觉她就是一个戴着墨镜披着斗篷坐在烟熏弥漫的房子里的女巫，要什么，来求卦的人就给她什么。

我其实一直都不爱听她的话，从被生出来开始，我身上就有了深深的叛逆因子。我从出生的那天一直到现在，都没有完全地听信过她的话，我一直有个冲动，觉得总有一天我能证明她是错的，我才是正义的化身！我才是对的！

然而无一例外，她总是技高一筹，而我就像是孙悟空一样再也翻不过周虹老师的“五指山”。我的人生处处都是坑，坑坑相连啊。

5 岁时，我犯的一个错误，输掉了我所有的“财产”。

我那时喜欢溜冰，我家附近刚好有一个真冰溜冰场，于是妈妈就经常带着我去溜冰。当时陪我溜冰的还有妈妈创办的幼儿园兼早教中心的一些员工，都是些很漂亮的大姐姐，我也很喜欢和她们玩。在平淡无奇的某一天，有个人带我去溜冰，中间还让我吃了一次水果喝了些水，就这么过去了。但是之后回想时，却怎么也想不起来那个陪我过去的人是谁。也不知道是基于什么原因，我总觉那个人是我妈，当时她的表情、神态、语气、说的话我记得一清二楚，连给我拿水果的手的摆放角度都深刻地印在了我的脑海里。

然后我就问妈妈：“那天你陪我去溜的冰，是不是……”

妈妈：“你记错了，那天不是我陪你去的。”

我被搞糊涂了，妈妈说得那么斩钉截铁，难道真是我记错了？

“不可能呀！”我内心的反叛之火熊熊燃起，更加坚定了是妈妈记错了的想法。

“妈妈，一定是你记错了，我记忆力这么好，记得还这么清楚，一定我才是对的。”

于是妈妈就说：“如果你一直这样纠缠下去也不是结果，咱们来打个赌吧。”我心想，赌就赌，谁怕谁！

“赌什么？”我信心十足，觉得这次我一定能赢。

周虹老师此时展开了她的阴谋：“就赌你的全部财产吧。”

“好！”

我就去找那些老师们求证，当时到底是谁陪我去溜的冰，那几个慈眉善目的可爱的小姐姐温柔的嗓音却把我推向了“地狱”——是她们陪我去的。

我当时的全部资产可不少，有几千块钱，全输掉了，被妈妈拿走了。我的内心可以说是崩溃的，但是我也很爽快，愿赌服输，钱全部给妈妈了。

她郑重其事地对我说：“想想，如果你是一个要养家糊口的人？如果你有一个嗷嗷待哺的小婴儿？接下来你怎么办？”

我什么也没有说。

“其实，你与这些财产没有真正的关系。”

我听不懂。那天晚上只有一个信念——以后绝对不可以让自己处于一个子儿也没有的危险境地。

5 岁，我用我全部的财产买回来这个教训，这辈子再也不赌了。

当然，10 年后的今天我又把那些钱都成倍讹了回来，哈哈哈哈哈。睚眦必报，说的就是我这种人。但是，绝对不再赌！

估计那时有那么一段时间我是很听妈妈话的，但是之后我又开始不乖了。

小学有一段时间，我内心的反叛之火再次熊熊燃烧了起来。

我突然开始喜欢穿小短裤了，就是短到大腿根的那一种。妈妈一直是反对我穿那种裤子的，觉得太短，不好看。那时我正值青春期前期，去参加了学校组织的美国游学。在美国时，我发现街上十个妹子有九个穿的都是短裤，还有一个穿比基尼，这给我的反叛之心带来了更多燃料，燃烧得更旺了，反正妈妈也管不了我，那就穿吧。我当时买了三条小短裤，两条正常的，还有一个比较宽的。当时我也有一个喜欢的男生，年纪小表达喜欢的方式就比较简单——露肉。

于是便出现了一个乳臭未干的小女生穿着小短裤自认为风情万种地在你面前天天晃的场面。

妈妈冷眼旁观，虽然她一直在反对但是也没真禁止我穿，估计是一直在等我自己觉醒的那一刻。

直到有一次参加夏令营，那里也是好多女生都穿小短裤、凉鞋，热嘛，可以理解。但是那个夏令营是有队服的，就是一件 T 恤衫。当初大小号也没分得太清楚，一些身材娇小的女生穿着就特别大。于是整体效果就是裤子太短，上衣太大，就好像只穿了一件 T 恤衫一样。我看着那些小姐姐们，脑子里顿时冒出了些不太好的想法——你们有没有穿……这种衣着会吸引异性的目光是不假，但对于少女来说那是一种不合时宜的危险气息。

我转身对周虹老师说：“你真是为我好啊。”

她却说：“你过去没有从其他人的角度看自己，现在你可以多维观看自己。这是与周围链接上了。”

我还是听不懂！但总之我就再也不穿高过膝盖10厘米的裙子和裤子了。前一段迫于一个主题活动要求穿了个小短裤，刚好到大腿根，虽然同学们都说好看，说没发现我的腿那么长，但是那一天过得真是特别煎熬，各种不自在。经过那一天之后，我也确定了自己以后上街再也不要穿短裤的决心。短裤还是要在沙滩上或者家里穿，穿上街我真的接受不了，太羞耻了（仅代表个人意见）。

于是我又身体力行了一次周虹老师说的真的全都是对的。

我妈最“邪乎”的一件事是关于我的学习。小时候我经常听周虹老师对很多人说：“周同学小学都是玩，不努力学习。初中会稍微努一点点力，高中冲刺，大学才是她真正认真学习的时候。”

我就像中了她的魔咒，现在到了高一，发现我走的这些路真的都是跟周虹老师说的一样顺利进行着。我预感到自己以后会冲刺，因为我的小学和初中真的是有点颓废，一直在玩，对于学习的马拉松，我还没有真正发力呢，没有使劲跑呢。

小学时老师们曾经多次对我妈妈说："周同学学习成绩很稳定，要是再努力一些就更好了。"

我妈的头摇得如同拨浪鼓似的："千万不要！她现在一点不努力学习成绩能够保持这样多好啊，说明潜力无限，这就是我要的轻轻松松保持成绩。小学不努力就能够保持中上等水平，我要的就是这样的状态，孩子才不会厌学。"

她自顾自说，得意扬扬，老师则是在一旁目瞪口呆。

2016 年初，周虹老师又神经兮兮地说："今年年底、2017 年以后你的成绩会更好。因为你真正开始与学校功课紧密链接了。"

一开始我还不信，但是确实我的成绩真的开始变好了。我越来越认可妈妈说的："你还没有努力的对不对？现在开始努力吧。"

我确实没有努力，因为我不知道努力就是更多的链接，链接不是表面的为了应付家长而学习的学习，而是为了自己的面子，为了成为更好的自己。

我从今年真正开始努力学习，上课注意力集中，卷入式学习，无论哪个学科都要理解不是死记硬背。这是我的优势，学习并不难，特别是将来有用的科目一定是真正掌握，在生活中融会贯通。链接上功课，原来学习和好成绩如此简单。

学习，我来了！努力学习，我来了！

最近也有一件事我妈特别邪门儿——与人的链接。

我对一个朋友有需求，特别想让这个朋友加一下我的微信开始沟通。我就和妈妈说了，妈妈一脸黑线说：“链接，你需要与朋友链接！”我一听，有点懵。

怎么链接呢？那天晚上妈妈挽着我在如意湖岸边走，妈妈向我解释说：“链接的方式是‘看见’，甚至在潜意识中在未来设定了事情已经发生。内在的起心动念，那是真正的物质力量。”

我若有所思。

“你只要和这个力量和解，你的人际关系将和谐发展，包括现在的学业，将来的人际关系以及男朋友老公什么的，完全没有问题。”

“念念不忘，必有回响。”最终她用八个字击中了我。

我承认，我被她忽悠了！那一刻，我下了决心，一定要链接，不再耗费能量了，还是要信她。于是，我如同傻子一样对着如意湖大喊，内在程序真正在变化移动。

奇妙的事情发生了：一回家，手机上竟然发现这个朋友发来了好友请求！

我欣喜若狂，然后同时看见爸爸也发来微信，说这次我回澳大利亚一定要送我去机场！

妈妈真邪乎啊。

这次回澳大利亚我想让爸爸送我去机场，由于航班延误，然后爸爸又说他要开董事会，我失落了一下，因为我真的很想让爸爸来送我。于是我又在内在与爸爸链接，奇妙的事情又发生了，过了 5 分钟，爸爸发来微信 :“我去送你，会让他们自己开，没有什么事比女儿重要。”我看到了，立刻跟妈妈说了说，妈妈回给我的只有神秘兮兮的微笑。

我使劲抱着肉肉的妈妈不想松手，链接太奇妙了。

之后和爸爸在去机场的路上好好聊了聊。去澳大利亚读书，与家人聚少离多，和爸爸几个月没有见面了，原本 40 分钟的路硬是被我俩走了一个多小时。这次谈话之前我还战战兢兢的，生怕一个不小心就踩到“地雷”，但是我发现根本不是我想象的那样，我和他说什么他都接受。爸爸和我说什么，我也全部接受，偶尔有一些小意见，我提出来爸爸也都欣然接受了。过去我一直误会爸爸，误会了好多好多年，妈妈说得对，爸爸是永远爱我的人。

结果更加奇妙的事情发生了，由于天气原因，航班取消。迫于无奈，我们改签第二天的机票，于是爸爸说 :“明天我一定再送！”我们又聊了一下午。回到家，好开心，而且我又看见朋友发给我很多需要的消息。

简直不信不行啊，链接真的很神啊。

第二天，还是爸爸送我，结果第二天的航班也延误了，又没走成。爸爸笑着对我说：“我一定要把你送走！连女儿都送不走，看来老天都顾着我们骨肉情让我们多聊聊天啊。”

妈妈也说：“看来你是真的想和爸爸彻彻底底聊一次啊，你看人的潜意识力量多么强大，你也是，爸爸也是，你那个朋友也是。”

我果然还是要“信邪”,周虹老师这个人太“邪门儿”了。

我通过这些事情明白了妈妈经常在课堂上说的：“现在很多人有关系无链接。”

以后我会避免把精力花在胡思乱想、恐惧悲情上，而尝试在内在真正与人、事、物有链接。

也许梦想成真就是这么容易，为什么？你懂的！

信，则有。

靠　谱

你是不是一个靠谱的人？

你是不是一个从不放他人鸽子、言出必行、说做到就做到的人？

你有没有违背过百分之六十以上的诺言？

我虽然不知道你靠不靠谱，但是我知道，我绝对是一个靠谱的人。我没有放过人鸽子，如果真有变化我会提前一天告诉他；我言出必行，说到的就一定会做到；而且我没有主动地违背过一次诺言。

我是一个特别靠谱的人。我答应过的事情，就一定会尽力做到。

就像我写这本书一样。在 2017 年初的时候我回了一趟国，看着我似乎非常风光，其实我那时候已经快写不出来了，但是我答应了妈妈要在 6 月份把初稿写完，所以回家那一段时间要多写一点，定的计划是一天一篇。我做到了，确实是一天写一篇，甚至还会在深夜文思泉涌时从床上爬起来码字。

妈妈睡得昏天黑地根本就不知道。

我完美地遵守了和妈妈的约定,4 月底完成了 26 篇初稿，7 万字左右，直到现在我还仅剩 10 篇故事，但是还有两个月的剩余时间，所以我一定能遵守 6 月份写完这本书的约定。

我就是这么一个靠谱的人。

但并不是所有人都像我一样这么靠谱，我经常被他人习以为常的不靠谱震惊，因为我习惯了靠谱。

我曾经为他人的不靠谱掉进大坑里。之前发生过这样一件事情。

我和一个同学约定好了一件事情，已经谈了一两个月了，几乎已经是板上钉钉的事情了，所有的事情都计划好了，结果她突然跟我说：“我不做了，做不了。”

可以说我当时的心情还是非常淡定的，因为我实在不想破坏计划，这件事做成了对我们俩都是有很大的好处的，我秉承着互惠互利、双向成就的思想，在一次会面的时候劝了她的家人又劝她，当我说得口干舌燥心急上火时，得来的答案还是——不做。

说真的，我还是有一些生气的。

但我气的不是她本人，我大概了解朋友退缩的原因。我真正气的是她父母的心态。我花费很多精力去劝说他们，只是想让她最后再尝试一下，实在不行了再说不做。但是他们怎么着就是不想再尝试着劝说了,感觉已经完全放弃了他们的孩子。

他们家的问题不是重点，重点是现代人之间可以不靠谱到什么程度。

我出离了愤怒。

我生气但没有火山爆发，只有一簇小火苗烧着我的心，慢慢烧着永远也熄灭不了。

妈妈却无动于衷："尽人事，听天命。"

我："她怎么可以让我独自承担？她怎么可以这样？"

妈妈："想想她的父母怎样？她没有错，孩子看着父母长大。"

我慢慢回想，这个同学的妈妈就不是一个特别靠谱的人。她的妈妈和孩子之前的口头约定也经常说了不算，经常爽约，甚至说好的事情也再杳无音讯，简直宛如人间蒸发。

她的爸爸在工作中倒是一个言出必行的人，只是对孩子不一样。太过严厉，几乎没有对她好过脸色，一提到她就是恨铁不成钢的心态，根本没把她当作一个好孩子，打从心底认为她几乎什么都做不成。

我感觉叔叔作为父亲，不是靠谱的父亲。父母的信任和永不放弃才是孩子最靠谱的推动力量。

她的父母潜意识是这样标签她的，她自然也就长成她父母所认为的样子。

长成了一个不是很靠谱的孩子的样子。

此刻我想起身边也有一家人，孩子也是我的朋友。我虽然和他接触不多，但是，我总感觉如果有什么事情拜托他一定是靠谱的。我们吃饭聊天的时候总感觉他特别有安全感，我也不知道是为什么。但是，我从他父母身上倒是可以看出来点苗头，我觉得他应该是一个靠谱的人。

他的爸爸非常靠谱，我回国的时候妈妈经常拜托他爸爸来接我，这位叔叔没有一次爽约总是提前到。平日别人拜托的事情他总是习惯办得妥妥帖帖，甚至比拜托的人想象得更好。

他可谓是一个特别靠谱的人了。

这个朋友的妈妈也是靠谱的，基本上不外出应酬，不因为外面的事情耽误给孩子做饭，她总是以孩子的需求为主安排自己的生活。

平日能够看得出，孩子的事情对他的父母来说非常重要，他们是靠谱的父母。

所以，他们的孩子是很靠谱的，和上面说得那一位朋友，他们的家庭完全不一样。

关于靠谱，我想说的是——虽然爸爸们工作都一样靠谱，但是有一个地方太不一样了。这位叔叔总是不留余地、不遗余力地去夸赞自己的孩子，也从来没有在外人面前灭过孩子的威风，向外人说起孩子的时候向来都是夸的。这是一个靠谱的爸爸！

这可能就是导致这位叔叔的孩子靠谱的原因吧。

有一次这位叔叔的孩子笑着对我说他办了一件特别出格的事儿，他很担心父母会责怪他。我望着他，一点都不担心也不惊讶。想起妈妈说的话——那些乖的孩子,偶尔出点“孬气儿”再好不过了，孩子会越来越安全。他靠谱，我更加认定他长大肯定是一个靠得住的人。也相信他的父母不会因为这次出“孬气儿”而否定他，他们家都靠谱！

所以，我更清楚，我的靠谱来自父母。

我的爸妈又是什么样的呢？

他们是我见过的最靠谱的人。

先从妈妈说起，从小到大，她没有食言过，说干什么就干什么。答应了我游泳游一圈买个芭比娃娃就一定买，没有骗过我。她对别人也是言出必行，只有别人放她鸽子，她从没主动放过谁的鸽子。只要是承诺过的事情，就一定会做到。

很多学员佩服妈妈近十年里上课没有迟到过一次。妈妈做客郑州电台亲子课堂七年来风雨无阻没有迟到、没有突然缺席请假过一次。

在我的记忆中，当我想放弃和人已然约定的事情时，妈妈就会非常严肃地跟我说我放弃之后的结果——对方可能以后再也不会完全地相信你了，你的一次爽约就会将你的个人信用减掉一大半，并且再也无法还原。

所以，对于约定我会额外地小心注意，如果觉得这件事情自己做不到，我是不会轻易下约定的，如果我约定了，那么就尽全力、一定要做到。

我的爸爸也是一个非常守信用的人。

比如今年春天回澳大利亚他曾经约定过要送我去机场，知道我的改签时间之后突然发现他有其他事情，但是他毫不犹豫还是选择了送我去机场。为了遵守和我之间的约定，连会都不开了。

在我们家，对孩子承诺是大事，孩子比任何事情都重要！

这大概就是我这么靠谱的原因吧。

其实不只是我爸妈靠谱，他们的爸妈也依然非常靠谱。

先从爸爸那边说起吧。我不了解爷爷怎么样，他在我出生之前就去世了。但是我稍微知道一些关于奶奶的事情。我的奶奶在我出生 3 个月的时候去世，在她去世之前，她把现金遗产全部留给了我，表达了她老人家对我浓浓的爱和接纳。当一个人在病危时刻把最后的事情安排妥当，我认为这是最大的靠谱。临危之际对我这个新生命传递的祝福，就是对子子孙孙最靠谱的文化传承。

我的姥姥也非常靠谱。我小时候姥姥经常给我做衣服，有一次问我想要什么样的衣服，我说："我想要在冬天也能转起来的裙子。"

传统的姥姥听到这句话之后没有笑我，她绞尽脑汁用尽全力真的给我做出来了几条在冬天也能转起来的棉裙子。姥姥也是一个非常守信用的人，之前姥姥给我和妈妈做衣服，姥姥说什么时候做完让我们去拿,她就什么时候做完。真是靠谱啊。

作为父亲，姥爷特别靠谱。姥爷也是一个非常厉害的人，据妈妈所说，因为姥爷为人太过刚正不阿、清正廉洁、不贪不腐、不说谎，所以曾在工作上受过很多人的排挤。姥爷对妈妈他们几个孩子也是说到做到，不打不骂，对孩子向来也只是信任，从来没有怀疑他们或者对答应他们的事情有过爽约。夏天姥爷带着三个男孩子去游泳戏水，舅舅们的游泳都是姥爷教会的。早上离家前姥爷说：放学早点回家，中午改善伙食啊。果然，每次都真的能够吃到香喷喷的排骨或者饺子什么的，特别靠谱。

我们整个张、周家族都是非常靠谱的人。

所以我也很靠谱。

你，靠谱吗？

拉孩子走出人生最低谷

孩子在低谷时你会怎么做?

怎么帮助孩子跨过人生低谷期呢?

其实从 2015 年下半年到 2016 年底，我都仿佛是在梦里度过的。这是我人生第一次巨变——从东方到西方。

这段时间我前往澳大利亚开始在 Firbank Grammar School 读初三，从语言学校开始到高中第一年，我几乎没有对什么事情特别清楚过，迷迷糊糊如置梦中，靠自己理解的事物几乎没有。

感觉只是这样说还不能完全让大家理解，那我就举几个例子吧：

1. 课堂老师说的话完全听不懂。

2. 学校有什么活动几乎都是在前一天才知道（还是同学告诉我的）。

3. 对选课、订课本之类的事情两眼一抹黑。

4. 作业不会做，每次作业都完成得很差。

5. 数学从A班掉到了C班，函数学了五次依然不会。

6. 考试从来不会复习，甚至有些时候连考什么都不知道。有次在历史考试前一天才知道一个很重要的考点究竟是个什么鬼东西。

7. 新学期开始前一个月连书都没有买。

8. 我甚至在学校一年两次大考的前一个月才知道下个月要考试。

诸如此类的事情多到数不胜数，我现在写着都觉得之前自己怎么能如此智障。

视频里我拿着惨不忍睹的成绩单望向周虹老师，周虹老师淡淡地说："正常，你明年什么都会好起来的，包括成绩，会有很大的改变。"

我默默垂泪，周虹老师一定又是在安慰我，我了解自己是个什么鬼，这一年来的艰苦我都知道，来年可能会好一点点但绝对不会有很大的改变的……

感觉周虹老师当我妈妈都是暴殄天物。

接着我又开始回望自己。我比任何人都清楚我这一年半究竟是怎么过下去的：我对前方充满了惊疑和恐惧，我对什么似乎都不清楚。所有的事情在我面前似乎都蒙上了一层薄纱，影影绰绰，看不真切。脑子一直浑浑噩噩的，对所有事情的发生都全然不知，所有的东西讲也讲不懂、学也学不会——

为什么总是不懂？

为什么就是学不会？

为什么一直在害怕？

我害怕即将发生的一切：同学交流、师生交流、交作业的日子、考试和学校里组织的所有活动。在所有的活动中我都坚定不移地拒绝着所有澳洲女生对我投来的善意。

这应该是我人生最大的一次低谷了。

当我回国见周虹老师，再一次说起成绩和挫败感，周虹老师依然连看都不看我，说："你明年不管是成绩，还是什么都会有很大的改变的。"语气异常肯定。

我泪眼婆娑。

妈妈说："不要这样嘛，我觉得你其实很棒了。"

"你的良心不会痛吗？我知道自己是个什么水平。来年可能会因为适应了环境好一点，但是绝对不会好太多。你看我最近的样子，我现在想转学的心情都有了。"

然后，我就经历了传说中的周虹老师的"手术"事件。

妈妈："出国前我对你说的今年第一目标你还记得吗？"

我："啥？哦，对，好像是——安全。"

妈妈："对！出国第一年最重要的是安全，你已经做到了啊。公交车、火车、国际航班、学校各个教室、生活区域，等等，你都保障了自己的安全了呀。不麻烦别人，独立自主，给 100 分。"

我心里松了一下。

妈妈："第二条是什么？"

我："开心……吧。"

妈妈："你也基本上做到了，没心没肺、吃吃喝喝、嘻嘻哈哈，还胖了 5 公斤，你爸不知道要多高兴。你之前可没这么胖过。"

哈哈哈哈（流下一滴"长胖"的眼泪，幸好现在又瘦回去了）。

妈妈："第三？"

我："沟通。沟通我完全可以的，我的英语口语没有问题。"

周虹老师声调上扬："你看，出国第一年的目标里没有学习成绩这一项啊？目标达成，你为什么这么否定自己啊？"

啊，原来自己混得还不错？

妈妈满脸不怀好意："哇，我才发现你对自己要求好高啊，你这是给我惊喜吗？"

我感觉卸下来了几千吨的负担。

之后几天，我发生了由内而外的翻天覆地的变化。

我嘴里不停地溃疡、身上蜕皮，连拉肚子都拉了好几天……然后我发现自己瘦了 5 公斤。

在回国之前我 55 公斤，当时体重恢复到大概是 50 公斤。

周虹老师看着我那几天的狼狈模样，眼睛里的嫌弃似乎已经要溢出眼角膜了，说："你得有多少'毒气'藏在自己的身体里面啊。你看你屋里这朵花，你回来之前好好的，现在都蔫儿了。"

看着卧室里那棵被我释放出的负能量毒得奄奄一息的植物我能怎么办？

开学的前一个月，我总算发现自己的课本还没有买！

但是我没浪费时间，赶紧积极联系，幸亏找到了几个好心的学姐，买到了二手的课本，要不然我真的要在开学的那天尴尬死了。

我充足了电，精神抖擞飞回澳大利亚。这时，我发现自己的状态真的不一样了：上课几乎无意识地听老师讲，然后写笔记，之前怎么也弄不清楚的东西不知道怎么回事就明白了——包括上课内容，即使一大段的文字里面有几乎一半的生词我也能看明白它的意思；耳朵里似乎有一个即时翻译，老师说的话都可以听懂；写作业也没有之前混沌的感觉了，内心一片清明。

于是新学期的前几次考试，我都拿到了很棒的分数。

我觉得最能代表自己满血复活的是在立春的那天。立春那天全校的人都要一起游泳，每五个人一组来比赛。刚来学校那一年的比赛我没有参加，因为我觉得自己细胳膊细腿的肯定比不过从小就在海边长大的澳洲女生，但是今年我突破了自我，勇敢地下水了。虽然结果不尽如人意，只拿到小组最后一名，但是我依然为自己而自豪，因为我做到了之前不敢做的事情，我超越了自己。

我与同学的关系也变得更好了，我也不再拒绝来自各方的善意，最近还与一个澳洲女生关系变得越来越好。因为我们两人都知道对方不可能变成自己最好的朋友，所以态度会变得更加随意，不会对对方有更大的要求。与中国同学的关系也变好了，之前一直在逃避，现在总算是勇于面对这些善意了——换句话说就是，我敞开了自己，不断地敞开，再也不把自己封闭起来了，而是开始接受身边所有的新鲜事物。

我开始向同学们彰显自己了。我新开了一个微信号专门加同学和朋友，我会时常在上面上传一些最近的活动和自己的照片。自从我开始愿意在同学们面前表现自己后，我发现我们的距离一下子就拉近了许多。周虹老师说："因为你的同学们发现你不再躲着他们，愿意与他们交往了。"

我与周虹老师经常探讨对未来的看法和计划，我们一起计划未来高考都考些什么科目，分析哪些科目加分。还找方方面面的老师咨询过，所有的优势项目现在在我脑海中已经有了一个大致的想法，对未来也没有太大的迷茫了，知道自己究竟想要什么。

我的学校特殊课程项目是声乐，我去找声乐老师商谈将来高考是否可以考音乐科目，老师非常认真地把我带到了办公室里和其他三位老师一起讨论，几位金发碧眼的老师信誓旦旦地对我说："Joan，你一定没问题的，即使你乐理不是优势，你也绝对可以把音乐作为高考项目。我们相信你，你有非常高的音乐才能，而且学东西非常快。也许你自己还有担忧，但是我们都觉得你一定没问题。"

我看着老师们笃定的模样，突然想流泪，因为我一直对自己的音乐才能怀有疑问，觉得自己并没有那么高的天赋。但是这几位老师彻底打消了我的疑问，让我相信在音乐方面，我真的很厉害。

接下来，个人空间也没有去年那样脏乱差了。竟然连一直在玩的游戏都出现了几个求之不得的道具。

我自己都觉得不可思议，周虹老师说的话竟然成真了。

"妈妈，真被你说中了，你怎么这么神呢？"

周虹老师面无表情地说："说我神的人多了去了。"

“你怎么做到的呢？”

“我去年就为你预设了现在的你！”

这又是什么鬼？

“‘起心动念’是最大的物质力量，我相信你，我经常在自己的潜意识中‘看到’你的未来，生活、交友、学习、成绩、身体、能量等越来越好，这是最隐秘的祝福的力量。”

“不懂。”

“去未来预设你想要得到的，就是给宇宙下订单。”

“如同网上购物？”

“是的！还记得上次咱们一起看的那个电影吗？”

“你是说《降临》？”

“对，就是那个。”

有这样的妈，是前世修了多少桥吗？未来有她起心动念的保佑，我的人生如同进了保险箱，就算不是特别好，我相信也绝对不会差到哪里去。

2017年初，我已经对生活的美好有了一个明确的预设，我觉得自己的未来一定是光明的，通往美好未来的宽广大门正在向我徐徐打开。

我想着，可能是因为我接受了妈妈所说的来自父母祖先的推力吧。之前我一直在向后躲，我以为自己和原生家庭的牵绊不深，所以拒绝着来自外界的一切，同时也拒绝着来自他们的力量。但是当我经历过那一场周虹老师的“手术”之后，我认清了自己该做的事，我爱着他们，但也要头也不回地往前走，我不能只待在一个地方停滞不前，我需要勇往直前，来为自己开拓一个更加美好的人生之路，所以我需要他们的支持和帮助。

我总算不再拒绝来自原生家庭的爱意，我接受了他们对我的爱，所以我也不再断绝与外界的联系，我整个人完全敞开，吸收着来自外界源源不断的新鲜信息，感知着身边的一切，变得清晰了起来。

我不再像一个吸血鬼一样隐藏在黑暗的空间内，我变成了一个愿意站在阳光下、光明正大的普通人。

我总算懂了。

我总算从东方真正跨越到西方成为地球人，我总算对未来的学业、职业有了清晰的方向，仅仅用时不到一年，还是在仅仅 15 岁的时候。

我的能量提升，通过从东方到西方。

前两天我的同学给我说：“Joan，我发现你今年的气质和去年有些不一样了呢。去年你老是板着个脸，今年就看起来很亲和哦。”

是吗？哈哈哈哈哈……

为什么孩子不领情

你被孩子伤过吗?

你有逼孩子穿你喜欢的衣服吗?

前一段时间发生了一件事情。

某位阿姨在某一天跑出去，自作主张地给孩子买了一堆衣服。扛着大包小包回家后，两个孩子闭门不出，喊她们试衣服也不出来，好不容易把她们俩从房间揪出来，孩子看见衣服又立马摔门而去。这位阿姨生气了，气急败坏地跑到孩子屋里把她们训斥了一顿，这件事情以双方闹得极不愉快而散场。

这位阿姨就对妈妈哭诉："为什么我吃力还不讨好？我

辛辛苦苦给她们买了那么多衣服，腿都要逛断了，还辛辛苦苦地背着大包小包回家，孩子们一点都不理解我，还对我发火。花了那么多钱买了那么多衣服，连看都不看一眼，还给我甩脸子！我这么辛苦都是为了谁啊？不还是为了她们吗？”

这位阿姨越说越生气，越说越委屈，直到最后眼眶、鼻头红红，泪水流下来。

是啊，多委屈啊！

委屈死了！

……

妈妈一点也不同情她：“活该！不要把自己的习性带到孩子身上，你肯定把自己的品位强行带到孩子身上，都买什么衣服了？”

“粉色系的……”

“什么少女情结、‘安全套装’，都是你自己的想法，是你想穿成这样。孩子有主见，眼光都比家长的水平高。”

“老师你说穿衣打扮不是家长教导孩子而是孩子引导家长？”

“是的，孩子不领情的背后是你自以为是啊。首先，人家也许安安静静读书，你一进门就‘咋咋呼呼’。其次，为了证明自己，非要人家出来试衣服，这是掌控。第三，衣服一看就不是孩子自己要的。所以，肯定是家长先做得不对，孩子是无罪的。”

“我都是为了她们啊。”

我知道阿姨想强调自己多努力、多用功、多委屈，孩子又是多么的不解人意、多么的不领情、多么的不孝顺，一点都不知道体谅自己——新衣服不是孩子们想要的吗？你看，帮她们买了那么多，花了那么多钱实现了她们的愿望，我是个多么好的家长啊。孩子却不珍惜自己的劳动成果，太浪费。

“放屁。”妈妈根本不给她机会。

“怎么办呢？”

“多问问孩子到底想要什么？”

是的，她在把自己当作受害者的时候，从来没有想过孩子是怎么想的，或者说，没有想过孩子要的究竟是什么。

换作我，如果是我妈出去跑一天，给我买了一堆衣服，会有很多种情况。

首先，看这堆衣服我喜欢不喜欢。当然不喜欢的情况是很少的，因为我和周虹老师审美观相近，我传承了很多妈妈的衣服，有些衣服还是我出生前就买的，可是现在都不过时，我经常穿着它们走在街上，回头率“百分百”。有一次，一个阿姨赶上我们问：“请问你们是不是瑜伽教练啊，气质真好。”

所以她什么时候给我买衣服我都很开心。但是这是周虹老师，和一般的家庭有一些不一样，很多家庭父母买的东西并不是孩子想要的，这个时候就算你给孩子买得再多他也不会开心。有些家长会把自己的各种情结强行套在孩子身上，就会买一堆其实是自己想穿的衣服，还会买一些“安全的”“绝对不会出错的”衣服，并不会去了解孩子的喜恶。要知道，现在很多孩子的眼光和审美的高度是许多家长远远比不上的。

其次，看我当天的心情怎么样。如果当天心情很差，我当然不会待见，如果是我心情差再加上买的衣服我都不喜欢，那更是糟糕了。而且比起父母自己去“买买买”，我觉得还不如陪我一天更让我开心。要是当时我正在写作业啊、看书啊、听歌啊或者玩游戏啊什么的，你一进来就“咋咋呼呼”地扰我清梦，还逼着我干这干那，再买一堆我并不喜欢的衣服，我觉得我能一脸冷漠地看着你就已经很给你面子了，如果再配上一脸“你看我对你多好，花了这么多钱给你买了这么多你想要的东西，我是一个多么好的父母啊，快来感谢我吧”的伟大表情，就算对你发火也是正常反应。

说了这么多，到底该怎么办呢？

就是牺牲一点你宝贵的时间，或者说牺牲一点你宝贵的精力，陪孩子去逛个那么一天，买他想买的衣服。如果你觉得你的眼光比孩子好，那么你可以在旁边当个顾问，如果你的眼光没孩子好，那就只要乖乖地当一个自动提款机，孩子让买什么，你自动掏出钱来乖乖付账就好了。

最好是拿出那么一点点尊重，把你的孩子当大人看，不把他当成一个你养的宠物，跟随他就好。

我们家买衣服，除非是我不在等特殊情况，一定是两个人一起去逛商场。周虹老师尊重我，我想买什么我们都会先讨论，是“民主主义”而不是“独裁主义”。一开始我也不是很听妈妈的话，但是好几次碰壁之后，我就完全相信周虹老师的眼光了。

一般买衣服都是这样的情况：“妈妈，我觉得这件蛮好看的！”

“嗯，不错。去试试吧。”试完出来很好看。

“买！”

然后周虹老师就眼睛都不眨一下就买下了这件衣服。

还有时候会是这样的：

我看上了一件可能穿上去并不好看的衣服。

“妈妈，我觉得这件衣服蛮好看的！”

周虹老师摇摇头：“好啊，虽然我觉得你穿上不是很好看，但是你去试试吧。”

试完之后，果然并不好看。

一开始我还觉得没什么，但是当这种事情多次发生之后，我就开始觉得还是要听周虹老师的话。

这些事情发生的前提是你的水平比较高，你买的东西在孩子的眼中不是垃圾而是精品，我直到现在还有一大堆衣服都是周虹老师这十几年穿过的旧衣服。我超爱的！我们家其实挺省的。

有些家长到现在还有少女情结，给女儿买一堆粉粉的“公主风”衣服；还有些家长给孩子买看着非常“安全”的衣服；甚至有一些家长买很多衣服，只为了等孩子感谢他。这些抱着“不轨之心”的衣服，孩子是不会喜欢的。

十件事情有八件都是你做决策，孩子连一点主见都没有，该哭的是孩子不是你。长此以往，就会把孩子养成没有主见的懦弱的孩子。

所以孩子不领情的原因是什么？错在你还是在孩子？

反正周虹老师从没把我当个孩子看过。

孩子是个人，不是让你把你的人生重新过一遍的游戏角色。

孩子需要你尊重。

你有把孩子当一个有主见的人看吗？

抗拒的蝴蝶效应

抗拒会给人带来什么样的巨大影响呢?

如何才能不去抗拒呢?

抗拒是什么？

抗拒是一种强大且无法轻易击破的力量。它会在你毫无觉知的时候触碰你，当你发觉的时候你早已被它紧紧缠绕无法呼吸，抗拒就是这样一股可怕而巨大的力量。

抗拒将会引发所有的问题升级。

周虹老师常说——所有的问题都来自于抗拒，越抗拒，问题越大。我本来不信这句话，直到在前不久身体力行了它。被这一句普普通通的话折腾得要死要活，我老实了，准备以后好多年将这句话“揣”在怀里，时不时拿出来看看。

2016 年 7 月 23 日，我随着学校进行了“不务正业”的三周泰国游。这次泰国游我从一开始就是抗拒的，真的一点也不想去。

那段时间我的状态不好，在抗拒着所有新事物的发生，甚至还煽动周虹老师让我不要去参加这个项目——我抱着电话跟周虹老师哭诉：“这个活动根本就没有意义。”“我去肯定什么也学不到。”“你看泰国这么危险。”“你舍得让我一个 15 岁的花季少女去吗？”“去了说不定会发生什么恐怖事件。”……

周虹老师总是听我的，果然被我煽动，动员很多关系请假让我回国修行。但是失败了，因为这个活动要是不去的话出勤率会出问题，我的签证就有大麻烦了。

于是我就抱着必死的决心去了。

对于我来说更糟糕的是，我们这一组只有我和来自澳门的女生两个中国人，其他都是澳洲同学。这意味着我什么朋友都没有，孤立无援，只能靠自己度过这三周了（我当初是这么想的）。一开始这么想，那么以后当然也会跟着这个想法去活啦——所以，过得还是蛮苦的。

我抗拒着这个活动、抗拒着同学交往、抗拒着所有事件的发生，于是，问题越来越大。

我们住到了一个环境还算不错的语言学校里，大家几个人分房睡。我和那个澳门女生住一屋，只有两个人，但是和其他有些澳洲女生住一层。当初的情况基本是这样的，她们频频示好：

“Joan，要不要和我们一起玩啊？”某个友善的澳洲女生说。

“No。”我说。

“来嘛来嘛，大家一起玩啊。”另一个友善的澳洲女生说。

“No。”我说。

久而久之，她们就不带我玩了。

我一直在和那个澳门女生玩，而那个澳门女生又很希望融入她们，慢慢地她和她们玩得很好，所以看上去就跟她抛弃了我一样，我当初的悲痛欲绝啊，伤心致死啊，似乎都是她造成的。我似乎完美地向其他组的中国同学们演绎出了一个被抛弃的小媳妇的角色——来了一场完美的挑拨离间。当初所有人都同情我，然后我还装作为那个澳门女生说情，让大家不要讨厌她，结果成功地让大家都开始讨厌她了。

这样看我真是个充满心机的女孩啊。

第一周，我就像这样抗拒着来自周围的所有善意。这一周大概是最苦的，因为我们在不停地“和水泥”，还住在九个人一间的大通铺里。这九个人中也是就我们两个中国人，我当时像个刺猬一样，谁接近我都要被刺几下，所以当时没人接近我。

我当时自顾自怜，觉得人家不喜欢我是人家的错，没有想过自己因为抗拒这个活动都做了什么傻事，披上了一层完美的受害者外衣。

第一周就这么不开心地过去了。

第二周开始了。我和一些澳洲女生也渐渐地熟了起来，可以开点小玩笑的那种熟，但是我依然抗拒着她们。我把自己捆绑在那个澳门女生身上，觉得“我们才是最好的朋友，她只要和别人玩就是背叛我，我不背叛她所以我不会和别人玩”。现在想想，这是多么可怕的掌控啊！

曾经发生过这样的情况：

某个澳洲女生来找我们玩。

澳门女生看看我说：“去玩吧？”

“不想去。”

“去吧，感觉很好玩啊。”

“你想去？”此时我已经有了一点被背叛了的愤怒。

“我想去。”

“那你去吧。”（你要去了你就背叛了我）

然后她就走了，留我一个人在风中凌乱。

现在想想还是蛮搞笑的，自己为什么这么狭隘？

所以我还是在拒绝着身边的善意，所有人递给我的橄榄枝我都一把火烧回去了。

第三周好了些，我肯和澳洲女生玩儿了，在她们的小圈子里也没之前抗拒了，我暗暗有点窃喜，感觉自己好像有些融入澳洲女生的圈子里了，但是我又渐渐地发现了，我似乎一点也不讨她们喜欢。每次聊天她们都是只找澳门女生，我在旁边被视若空气，一片虚无。玩也只找澳门女生，吃饭也让她坐她们旁边，然后我一个人看起来特别不合群。

我当时也没想过她们为什么会这么对我（现在知道当时我天天阴沉着脸），似乎把自己每次都跟大爷一样她们请我才去她们身边坐的行为全然忘记了，只知道自己暗自矫情默默垂泪，跟全世界都欠了我一样。

问题越来越大。

我被自己逼疯了，我开始发狂了，我开始变得不像我自己。我还给周虹老师写了一封矫情至极的信，大概内容是这样的：我快疯了，我不知道为什么大家都讨厌我，我不受任何人的待见，连那个澳门女生都离我而去。我真的糟糕到这种程度了吗？……

我陷入了自我否定和自我矫情的怪圈里，我看所有人都跟要害我一样。

经历了这一次可以说得上是奇葩的旅行，回到澳洲的我抱着手机对着刚从青岛上课回来的周虹老师哭了一个小时，周虹老师默默看着我泪流满面，我边哭边观察她，她竟然没有反应。

我不哭了，她才说："我在青岛度过了 10 天原生态生活，没有空调甚至电扇都没有，每天挥汗如雨，好爽啊。你的假期却如此不堪。"

我低下了头。

"你在情绪失控下写的这封信，过了 5 分钟你就没事了，但是你是否想到这封信对于我们的伤害有多大呢？"

我懵了。情绪失控时，我确实是没有想到会给家长怎样的影响。

"澳门女生，她是离开你了，但是你有没有想过凭什么人家必须和你好？凭什么人家只能和你一个人玩？"

我无语。

"你最近的表现不是你啊，因为抗拒这次活动，你心智全无啊。与朋友出现矛盾以后,你了解过朋友背后的背景吗?还记得我给你说的吗，了解创造慈悲。"

我顿住了，我还是太不成熟。我发现自己从一开始因为抗拒就想掌控一切，我没有活在当下，我一直和我的抗拒纠缠在一起。

而这所有事件的源头就是——我抗拒着这一次旅行。

我从一开始就是抗拒的，而那个澳门女生从一开始就是接纳的。她特别想来这一次旅行，她觉得这是一次非常有意义的经历、非常有趣的经验，她接纳着、敞开着面对所有新鲜事物的发生。而我就是一个反例，我抗拒着一切新鲜事物的发生。

最终她收获了一次非常美好的、有意义的经历和很多好朋友；而我不仅没有体会到这次行程的真正的美妙之处，也没有收获澳洲女生的友谊，还把自己弄得遍体鳞伤。

这都是自找的啊！

我因为抗拒所以想掌控一切，但是因为我掌控不了，所以我就想掌控那个澳门女生。我把她逼得太紧，她开始怕我了，才会导致她离开，导致我好像觉得天塌了一样开始发疯。

如果我从一开始就接纳这次旅行，完全敞开地接受所有人的善意和美好，这段旅行一定会留下非常美好的回忆。

我道歉，向澳门女生道歉，向澳洲同学道歉，向爸爸妈妈道歉，向自己道歉，向所有人道歉！

所以在第二次和这次旅行意义相同的夏令营时，我尝试着放下抗拒，倒是在那时和同学们的关系好了很多。

新学期开始，我试着去接纳发生的一切，我接纳新朋友的到来，我接纳学校的安排，我接纳我的成绩，对所有的一切不再抱有恶意——生活还真的变好了。

成绩变好了不少，连之前我感觉对我爱答不理的澳洲女生都开始接近我了。

于是我问她，为什么当初好像所有人都讨厌我，更喜欢那个澳门女生，她说：“因为你太无聊了（面无表情）。不过你现在一点都不无聊了，我还是更爱你一些。”

对啊，当初一言不发板着个脸，脸黑得估计和煤炭没什么差别，浑身带着黑暗的死气的人，估计没谁会喜欢。反正我是不喜欢。

现在这个动不动就“哈哈哈”笑到停不下来、完全敞开的阳光女孩儿才讨人喜欢。

我是挺喜欢我现在这个样子的。

抗拒是一切问题的根源，当你遇到了一些在你预想之外的事时，尝试着去接纳，像风穿过你的身体，让它吹过，让它离开。张开怀抱迎接所有的发生，事情一定会变得更好，起码比你想象得好。

我当初也觉得这次旅行一点意义也没有，但是现在我发现，其实留下的还是非常美好的回忆，毕竟九人挤一张大通铺、一堆人坐在地上拿着扑克牌互相乱砸、听着她们带着笑容互爆粗口的经历，估计再也不会有了。

你经常抗拒吗？

富养与钱的关系

我为什么不爱吃垃圾食品？

怎么样让孩子从小注重衣食品质呢？

我从小就宛如一个仙女。

小时候不吃的东西很多，不吃汉堡、不吃火腿肠、不吃午餐肉、不吃大鸡腿。吃饭都是闭着小嘴巴细嚼慢咽，也从来没有吧唧过嘴。没有骂过人、没有在外面撒过泼、不在学校门口买零食、从不对外人哭闹、很少会主动给人添麻烦，连腿都不怎么抖。衣服都是自己挑、不喜欢鲜艳的颜色、没怎么吃过路边摊和泡面，很少对人有怀疑也从不撒谎。

现在比那时更加仙女，不仅上述的不吃，而且连饮料也不喜欢喝了，吃饭时我从来只要一杯水或者一杯茶；不说脏话；吃得少但吃得精，从来没有吃胖过；举手投足从未不雅观过，不管何时身姿都挺得笔直，从来未有过驼背的问题；气质好女神范儿；谈笑间笑语晏晏很少有恼人的时候；不管多生气也不会去骂人，只会去尽量远离。

啊，听到这里大家是不是觉得这简直是梦想中的孩子的模样啊！

梦中女神啊！

你们以为是天生的么？其实我是天界投胎下来的仙女？

是的你猜对了！（并不是）

其实我是被养成这样的。

大家天天听各种心灵鸡汤讲如何富养女孩，但是有没有认真清楚地认知过到底什么样才算富养呢？富养是钱堆出来的吗？

富养意味着“吃”的满足：我从小入口的高汤炖过不少于八个小时，连蒸鸡蛋都是要用骨汤炖蒸；不吃鸡场鸡蛋只吃柴鸡蛋；不怎么吃 10 块钱一大包的鸡蛋糕，吃的都是西点店里 10 块钱一小块儿的小蛋糕。

富养意味着“穿”的满足：我穿过的衣服没有一个人认为有地摊货。其实，我所有的衣服都是妈妈精心挑选的，甚至她去香港也给我买了好几件小孩子穿的品牌礼服；成长至现在没有穿过劣质品，现在全是棉、真丝、亚麻的衣服。长

从小我就穿旗袍——淑女范……
吕紫尘　绘

裙飘飘，很少穿短裙、短裤。

富养意味着“住”的满足：家内整洁、装修精美。小也要小得五脏俱全；房间各处未有过灰尘，甚至连马桶内也从未有过污垢；床上物品从里到外都是上品，据妈妈所说我在7个月前的婴儿时期几乎吃喝拉撒睡糟蹋遍了她精挑细选的床上用品，但是她依然让我用着高级品，直至现在一个枕头也是上千元，我的被子也是妈妈从新西兰买的羊驼绒被。

富养意味着“行”的满足：从小到大我不知跟随妈妈去过多少地方、踏过多少国家的领土。行万里路，我觉得这是最重要的一点。

发现了吗？我这么美好的原因。

因为我的父母让我觉得我值得、我配得这么好的东西。

我从小就拥有高品质生活，没有凑合地生活过。他们当然可以用品质一般甚至不怎么样的东西来装点着我的生活，那10块钱一大包的鸡蛋糕、廉价的小衣服、口感和健康皆一般的食材、价格低廉的生活用品和彷徨来彷徨去最终决定不去的国外游——可是他们并没有。

这样看着是不是感觉我们家条件很好？其实并没有。在我小时候我们家的经济条件也是一般，大家都一样。

2012年，有一次在几百人的大课上有一位叔叔站起来当面质疑周虹老师富养女的理念：“周老师，我们家做不到每个夏季给女儿准备几条裙子，没有钱。”他的旁边坐着一位唯唯诺诺的阿姨应该是他的太太。

“那你觉得 7 条裙子大概需要多少钱？”妈妈冷静面对这个挑战。

“不知道，肯定很贵！”

“如果我说 200 块钱买 10 条很漂亮的裙子，你觉得可能吗？”

“啊？不可能！”叔叔旁边的阿姨也站了起来。

“当然可能，去批发市场一会儿工夫就搞定了。”

台下一片哗然，大家都兴奋起来。一个学员着急抢了话筒说：“我就在批发市场工作，每个摊位都有号码不全的童装，商家清货处理的衣服也是好的衣服啊。200 块钱买 10 条裙子完全可以。”

妈妈耸耸肩：“富养与钱的关系不大，是父母的格局与心态。一味怨天尤人是弱者心态，要想办法。”然后对着叔叔旁边的阿姨说：“你要学着会过日子！”

是的，我妈妈太会过日子了。什么时候过的都是高品质的生活，我给大家举个衣服的例子。

我小时候，她经常在冬天的时候给我买夏天的衣服，有一次用 5 块钱为我买了条质量特别好的特价处理的裙子，简直是白送，我穿了好多年。而那些看起来特别惊人耳目的衣服则是去批发市场品牌店买的，去香港时，她也会去批发市场转转。三个一批就跟批发价走了。

一般她看衣服首先看质地，质地好了才去跟人讲价，为了让老板给我们便宜，小时候我们甚至还演过好多次戏。

我："不一喜一欢。"（拉长腔其实是喜欢）

她："老板，你看孩子还不喜欢，再多打些折吧。"

老板无奈地看着我："唉，好吧。"

皆大欢喜。

她还会去专业的纺织品市场选布料，找裁缝做母女亲子装，做出来不比"大牌"差多少，但是它带给我的不仅有舒适的穿衣体验，也对我的家庭团队精神有着极大的提高。穿着这些衣服，我就能感觉到自己是这个家的一分子、我必须要为他们做些什么。

我们经常穿得一模一样走在街上，回头率百分之二百："请问，你们的衣服在哪里买的？"许多人问。

我："买不到的，我们自己做的。"

"啊？在哪里做的？布料是服装店的吗？"

"不是，先选好款式，自己去挑选喜欢的布料，然后拿到服装店做。"妈妈耐心地解释。

"太麻烦了。"阿姨们基本上都放弃了。

望着她们的背影，我对妈妈说："你不觉得麻烦，对不对？"

“当然。”

每一次我都感觉自己是个童话里的公主，被善待、被滋养，我值得、我配得。

在他们经济最困难的时候，也没有让我知道他们的窘迫，我一直认为我们家很有钱，从来没有过钱的问题。他们没有把生活艰难的压力释放在我身上。

我一直是富足的。

我的爸爸妈妈都如此有品质，他们温文尔雅言出必行，所以我也不能满口脏话说谎成习；他们都这么会过日子，所以我也这么有品质，拥有难得的高雅气质——哎呀，把自己夸得都开始害羞了……

你是否如此富养孩子？你是否如此富养自己？

4 年前我与妈妈逛迪拜的一家商场，她走进每一家礼服店都兴奋不已，金发碧眼的导购员也兴奋不已围着她转，最终她“请”回了近 10 条礼服甚至还有一件黑袍。都是大牌设计啊，肯定好贵啊！我不确定她的算数水平能够准确换算人民币的数目。

“多少钱啊？”我迟疑着问，因为迪拜真是纸醉金迷无上限啊。

“不知道。”她爽快地回答。

“你不看标签？”

“为啥要看？喜欢就买了。”她就是这样霸气。

“你不怕钱花完了？”

“赚钱就是为了花啊，花完再赚啊。再说怎么可能花完呢，钱源源不断啊。”

“你从来不担心？”

她迟疑了一下：“嗯，年轻时候有担心过。后来发现自己从不缺钱，越爱花钱就越喜欢去赚钱。赚了钱花的时候好有成就感，你没有发现我刷卡的时候总是念念有词，感恩金钱带给我们美丽的衣服，所以，钱有价值感、成就感。钱是有灵性的，一传十十传百，更多的钱会来到我们家。”

说实话，几年前我听不懂，如今却懂了。所以，现在我也是只卖对的，反而没有花冤枉钱。留学学费以及私立学校的费用都是昂贵的，有一次看了自己去年的花费账单，心里七上八下：“妈妈，我花了你这么多钱啊。”

“父母赚钱本来就是让孩子花的啊。”

“可是其他孩子可能花不了这么多。”

“我们家的钱有你赚的啊，你各方面都表现好，也爱分享，所有的钱都有你一半功劳，你权当花的是自己赚的吧。”她竟然这样说。

我轻松好多啊，罪恶感减少大半。

如今我也经常对朋友说：“钱，我们关系好，钱一直陪伴我左右啊。”

我们对自己富有很自信，就是这样。

妈妈经常说她也是被富养着长大的。没有体验过重男轻女，听她说小时候家里“改善生活”时，姥姥姥爷总是这样富养她：“给小虹来块大的（排骨）。”

她至今还记得夏天的夜晚几个孩子排队从姥爷手里领麦乳精。轮到她，姥爷说：“给小虹多半勺。”

妈妈说这就是富养，这就是富有。

你对于孩子的态度又是什么样的？你有把这些品质细节融入孩子的生活中吗？你又像我的父母这样无微不至地在生活方方面面都满足自己与孩子吗？你对你和孩子有这么细心宽容吗？在生活困难、窘迫的时候有去向孩子诉苦吗？你有经常埋怨孩子，对他们说是他们让你的生活越发贫困潦倒吗？

而作为孩子，我们其实明知你对我们所做的一切。你对我们做什么我们也会回馈什么，我们就像一块海绵，你给予我们清水或是污水我们都会一滴不落地吸收进去。你对我们展示了什么样的生活品质，我们就会成为与这生活品质相符的人。

关于富养，妈妈说：“这最终还是看归属。”

“你认为你是穷人还是富人？一秒内，不要思考，你的第一反应是什么？”

我:“我从小认为我是个有钱人,我‘老牛鼻子’有钱了。”

我活得就是一个很有钱的人的样子。我觉得现在国内家庭生活品质能达到我们这个高度的不多，因为大家虽然有钱，但是都不觉得自己有钱，还是非常节省地花钱，美其名曰“节俭”，其实就是内在不认可自己是富人罢了。

可是你想让你的孩子成为穷人还是富人呢？你活成什么样，你的孩子就会活成什么样。不管你现在多有钱，内在的匮乏会让一个人活得和乞丐都没有什么两样。首先你要把自己的内在丰盈起来活成富人，你才能培养一个无缘由满足、自信大方的孩子。

请回答我——你有钱吗？你是穷人还是富人？

当肺炎遇到女魔头

你接受不去医院治愈孩子疾病的生活方式吗？

你会让孩子一年四季下水游泳吗？

我从 3 岁开始就和游泳池结下了不解之缘。

我妈从我 3 岁开始就逼着我一年四季下水。

我从小肺就不好，两岁时得了一次肺炎，而家中长辈也有因为非常严重的肺部疾病去世的。妈妈不想让我总是吃药打针，又为了不让我的肺部越来越虚弱，于是就开始让我学游泳，逼着我下水，来提高免疫力。

从此，我就受到了几年的“非人待遇”。

她经常拿冰激凌诱惑我。

我是那种为了几个冰激凌就抛弃自我的人吗？

还真是。

只要我好好游，好好地跟着教练学那么一两个小时，洗完澡出来就能吃个冰激凌。于是就有几个老奶奶看着一个小女孩儿头发湿着，小脸通红，手上还拿着个冰激凌在那儿慢慢啃，心想站在这小孩儿旁边的应该是她的后妈吧……

同样能让我抛弃自我的还有芭比娃娃。

有一天我妈对我说，如果你不带游泳圈游一圈儿，我给你买一个芭比娃娃。

我浑身的斗志瞬间燃烧了起来，即使当时我不带游泳圈一般只能游两三米。

我努力地游啊游啊游，一圈儿回来，面无表情地竖起白白嫩嫩的食指："一个。"接着扭头再继续游，又游了一圈，面无表情地竖起两根白白嫩嫩的手指："两个。"

"三个。"

"四个。"

……

最后我游了七圈儿。

旁边的叔叔看得两眼发直："你今天可要破产了。"毕竟当时芭比娃娃还是很贵的，一个就要一两百块。

我妈妈笑得花枝乱颤："买几个十几块的浑水摸鱼一下也是可以的。"

我可不聋！

关于游泳还有一件事我记得也很清楚。

有一天冷到不管是冰激凌还是芭比娃娃都不管用了，我就是死活不下水。最后被我妈抱到水里也依然不愿意游，就抱着妈妈撒泼。

周虹老师是谁——“江湖大佬”啊，她面无表情直接上岸抱着我换了衣服，去教室把老师们赶出去顺便关灯关门。

我仍然记得那扇门渐渐关上时的恐惧与无助。

老师们也纷纷无视我求助的眼神，在妈妈黑道大佬的气压下直接逃跑。

这种无声的冷淡在我们家是最可怕的惩罚。

在这次之后我确实再也没有闹过了。

一年四季下水的日子果然让我免疫力得到了极大的提高强，童年到现在，我几乎很少感冒、发烧、咳嗽，几乎没有吃药打针的机会。尤其是在“周氏启智”睡觉时每日听着其他孩子此起彼伏的咳嗽声，我睡得可香了。

我现在 15 岁，我的肺真的很健康。

感谢周虹老师的铁面无私与冷漠无情，蛙泳、自由泳、仰泳、蝶泳四种泳姿我都会，虽然还称不上“鱼”吧，但起码在众目睽睽之下秀蝶泳时那种威风凛凛，以及身着标准比赛泳衣拎着脚蹼傲然走过人群的气势，着实让我过瘾。

周虹老师，您可真是个女魔头！

如何看待父母离婚

孩子能否干涉父母的婚姻?

单亲家庭中成长的孩子如何看待父母的感情生活?

在澳大利亚上学期间的某一次同学生日聚会上，我们聚在一起玩真心话大冒险，问的其他人都是爱情故事什么的，到我，同学问了我一个问题："你对你父母离婚的事情怎么看？"

我心里一震——他们这个问题问得可是真有意思。

其实这个问题我问过自己无数次了，答案早已了然于胸，于是轻松言道："小时候难受过，但是现在觉得这是一件好事。分开了对大家都好，毕竟，他们性格太不一样了。"

对啊，他们太不一样了。

他们一个爱吃肉，一个爱吃素。

爸爸特别喜欢吃肉，像我一样是一个肉食动物，无肉不欢，尤爱大鱼大肉。虽然面容慈祥，但是平时为我杀起鱼或鸡来手起刀落毫不心软。但是妈妈特别喜欢吃菜，饮食均以清淡为主。她说只要一闻到腊肉味就想吐，看到腊肉就想跳脚，而爸爸又特别喜欢吃腊肉。妈妈说在怀我的时候被爸爸逼着吃了一堆老母鸡，现在想起来都有心理阴影。爸爸特别喜欢让人吃饭，他吃得多，我和妈妈一样吃得很少，爸爸吃得多就会觉得我们两个吃不饱，所以有时还会逼着我们吃一些饭，然后我们一吃饭就会闹得不愉快，但是又不能说谁对谁错。

这两年，我仔仔细细观察他们的不同之处，太多了，验证了妈妈如今经常说的一句话——爱情是两个人的事情，婚姻是两个族群的事情。

爸爸的性格像烈焰，妈妈的性格像湖水。爸爸是一个非常激昂、热烈的人，他的性格就像煮开的辣火锅汤一样，无时无刻不在沸腾。而妈妈的性格就像宁静的湖水，平淡无漪，也没有什么较大的情绪波动。性格完全不一样，生活在一起也会有着诸多意见不合之处。

爸爸活得很勤俭，妈妈活得很“奢侈”。

爸爸是一个非常勤快的人。每天早上五六点起床，洗完脸刷完牙之后就开始做饭做家务，甚至去早市买菜，我起来之后就有热腾腾的早饭等着我。爸爸晚上睡得也特别晚，而且床和枕头都是硬邦邦的，我曾经试着枕过一次，结果起来后整个人都像是刚打过一场苦仗一样。而妈妈是个“原生态”人，有时睡到自然醒，喜欢睡软床圆床，从这点大概都可以想出来他们在买家具时对于日用品的争执。妈妈喜欢享受“纸醉金迷”的生活，而爸爸喜欢简朴的、苦修一般的生活。爸爸会觉得妈妈太奢侈浪费，而妈妈会觉得和爸爸一起生活过于辛苦。

综上所述，他们活得太不一样了。

特别是近几年，我看着他们两个性格越发合不来，在我看来，他们就如同太阳和月亮。幸亏他们现在不在一起，如果只是为了我而让他们两个强行在一起的话也太自私了，我不可以强行让两个完全不一样的人生活在一起。他们年龄都大了，改变是痛苦的，那是对他们的残忍也是对我的残忍，所以像如今这样的生活更好，这样谁也不会受伤。

花了几年时间，我也感受到了，即使爸爸妈妈分开了，他们对我的爱却是愈来愈强烈。他们分手不是因为我，与我无关，是他们自己的问题。我是个聪明人，对于“罪名”是绝对不染指的。

很多孩子在父母离婚以后都会说："他们不爱我了！"这其实是一个想让所有人都可怜自己的想法。我曾经也这样以为，但是我的父母都在不停地成长、和解，谢谢你们，让我从中获得救赎。

我想对孩子们说：我们应该从父母的关系中抽离出来，后退一步海阔天空。爸爸妈妈离婚，他们觉得最愧对的人是我们，这是事实。如果你能够看到这个事实，全家就轻松了。

如今的我觉得没心没肺接纳爸妈离婚其实对于我是好事，甚至我从中看出了他们有多爱我。因为他们爱我，所以选择了分开，不再因为他们自己的问题对我造成更大的伤害。我知道，正是因为爱我，所以他们才友好分开。

我更看见很多离婚家庭分开以后，也会有诋毁对方的现象发生。妈妈说爸爸的不好，爸爸说妈妈的不好，这对孩子的伤害是巨大的，孩子的内在会有撕裂感。那些整天吵吵闹闹或者冷战不离婚的家庭，依然是破碎家庭。

我想对父母们说："孩子需要的是你们的和谐相处，不管你们是否恩爱，不管你们分开还是在一起，不要让我们看到你们彼此伤害，我们最想看到的是你们彼此尊重。无论是爸爸还是妈妈，射向对方的每一只毒箭都先穿过我们——你们的孩子。"

这些年，我们三个人都犯过错，也都在成长。

我们虽然生活在不同的地方，但是我们一直是在一起的。如今，我们一家人可以聚在一起开开心心吃顿饭，还记得那一次去爸爸家里吃了一顿火锅，之后我们三个也算彻底和解了。

吃火锅的时候，双方还是有些尴尬的，妈妈一直在嗑瓜子，爸爸则是忙来忙去，当没什么可以收拾了的时候，爸爸坐下来又一次开口道歉，并真诚感谢妈妈把我养得这么好，说妈妈是一个非常合格的母亲，能把我养得这么厉害，同时也对他以前的一些言语道歉。爸爸萌萌地对我说："我现在已经有很久没有说过你妈妈的坏话了。"也狠狠地夸了我写的文章，说我写得比他好。爸爸的情绪稳定、平静，同时带着淡淡的喜悦。就这样，我们其乐融融地吃了一顿饭，而有一些细节也让我感动：爸爸看妈妈一直在嗑他炒的瓜子，后来还特意来家里送了我们一罐。那天临走时，爸爸送给我们好多礼物，还给我做了一罐草莓酱。

妈妈呢，其实人前人后一直说她也有错。

妈妈这个人很有意思，她曾经有句名言：生活中所有伤痛都是财富。十几年前的这些事情对于她早就是研究得熟透了的课题。她知道该怎么做，也一直都在做。我能够有今天的见地，来自于母亲孜孜不倦的教育。

妈妈多年来一直在我面前说我爸的好：爸爸做饭很好，

只要爸爸在家，几乎把做饭这项家务活一手包了。

爸爸为我做的骨汤蒸鸡蛋，骨汤都是炖了八个小时以上的，他把骨汤分开装到不同的容器里冷藏做肉冻，用的时候取出一块儿化开做羹，所以我虽然忘记了好多事情，但是蒸鸡蛋这道绝品倒是一直存在脑海中没有忘记。

爸爸对我的爱没有限度。在我小时候爸爸用嘴为我吸鼻腔深处的鼻涕，果然父爱如山啊，要是让我选择去吸鼻涕和吃胡萝卜，我——还是选择吃胡萝卜吧。

爸爸经常把我放到他肚子上睡觉，对我超级有耐心，就算我把吃的吐到他的新西装上他也不生气。

为了让我在美丽的郑东新区的学校读书，爸爸直接全款购买了现在这套房子，连牙都没有咬一下。

妈妈总是让我感谢爸爸所给予我们的一切："你是爸爸最在乎的人，爸爸永远都是爱着你的。"

我也曾问妈妈："你们为什么离婚？"

妈妈说："不懂呗。不懂自己、不懂对方、不懂婚姻，我的错在先。年轻时冒犯、伤害了很多人，我是个罪人啊！我是个罪人啊！！"

妈妈有一个习惯——临睡前感恩、忏悔、祈祷，每日如此。她是一个有信仰的人，她的信仰也是我的信仰，对于我们来说，头上三尺有神灵。

我看见妈妈经常在潜意识中默默与爸爸和解、对爸爸道歉，经常对我说她有错。爸爸之后也经常说妈妈的好、妈妈的善良、妈妈的辛苦付出……

在他们离婚之后的所有时光，我收到了来自父母双方成长之后的和解、愈疗，这才使得离婚对我的伤害越来越小。

去年在书架最高处发现了妈妈年轻时的日记，我翻看着停不下来，看到了爸爸和妈妈那时温柔甜蜜的爱意，看到了他们双方对对方的痴情，看到了他们如火的激情——这才觉得，哇，他们真的是很相爱啊。我咯咯咯地笑着，调侃妈妈："原来你们真的如此相爱过啊。"这对于我的身心来说是一个更大的治愈。

我是他们爱情的结晶啊，在我身体中，他们永远是圆融、合一的，我是他们的孩子，是他们生命的延续，由于他们的相爱，才有了我的诞生啊。

所以即便我们不住在一起，我和他们的生命依然链接在一起；即便没有了那一纸契约，我们依然是一家人。

离婚家庭也有幸福，单亲家庭也会有幸福。

我们三个都是一辈子成长的人，我看着父母长大。

不再因为作业掐架

你喜欢写作业吗?

反正我是不喜欢。我和全世界所有的孩子们一样，对作业这个“全民公敌”表示深恶痛绝。我在幼儿园的时候是没有作业的，所以一到了小学，我整个人就懵了起来。

这到底是个什么玩意儿?

小学前三年毕竟还是好的，作业不多，顶多就一两页练习题。所以那段时间，我对作业还是没那么抗拒，那一段时间我都是在学校尽量写完作业，回家玩儿。周末是把所有作业带回家，在周五写完，然后周末随便玩儿。

这一套现在看来其实还是蛮靠谱的，因为这样周末玩儿的时候就不会觉得心虚了，反正作业都写完了，我玩儿得心安理得、理直气壮。

当时住在我隔壁楼的一个成绩特别好的女生写作业都没我快，我俩曾经一起写过，她注意力没我集中，所以虽然她准确率比我高，但一般我写完了她才写一半儿。

但是，从小学一年级开始，我也偶尔不想写作业。

于是我就走到妈妈身边：“妈妈，作业我不想写了。”

周虹老师：“哦。”

“我真的不想写了。”

“嗯？”

“作业太多了，今晚写不完。”

“噢。”

“能不能不写啊。”

“哦？”

看着妈妈一脸无所谓的表情，还有这打太极的态度，犹如一记重拳打在了棉花糖上，没有反应，没意思。我想了想，又不是不会，再说写完还有好玩的事情等着我呢，还是去写吧。

无人抗拒，无人配合招架，于是我乖乖地写完了作业。

因为妈妈当时没有把我的偶尔的小情绪放大，她没有一脸怒意地训我骂我，只是接纳，并不反对我不想写作业的这个情绪，所以我偶尔的情绪就被周虹老师这么打太极给打没了。

但是除了不想写作业，更多的情况则是不会写作业。

中国的家长其实还是非常负责任的，只要孩子不会，父母就立马拎枪上阵，来帮助孩子一起完成作业。所以，这些作业其实不是孩子们的作业，是家长们的作业。

但是周虹老师不按常理出牌，我其实被她深度催眠，多少年来不自知。

她这样一个“懒妈妈”，怎么会愿意让自己白白承担这么大的责任？于是她选择了“我才不会帮你写作业”的这条道路。

有一天，我眼巴巴看着她：“妈妈，这道题我不会。”

她非常认真地把我的作业拿过去看了又看，接着以异常无辜的眼神回我：“我也不会。”

我：“那咋办？”

妈妈：“我不知道。”

……

我们俩大眼瞪小眼，瞪了 5 分钟。

我是谁啊？我是周（超级聪明、机智）汶瑾！我灵光一现：“你有没有数学老师的电话？”

“有。”

于是我就开始骚扰老师。老师一开始还是很开心的，因为我很上进，我在问问题。但是毕竟老师也是有私人生活的，我问问题的频率又特别频繁，所以过了一段时间，老师便不再接我电话了。

我再次陷入了深深的苦恼，足有 5 分钟。

于是，我又灵光一现——求助隔壁学霸同学。

“妈妈，你有没有朱家电话？”

“好像……有吧。”

我兴高采烈地拨通了同学家的电话。

于是我就又开始骚扰起了同学。过了一段时间，同学家的电话再也拨不通了。我竟然还没心没肺跑到她家问问题。

再后来，我同学的父母看我的眼神不对了，我才知道，他们肯定觉得我是个大麻烦啊。

心好痛，我能怎么办？我也很绝望啊。

我开始深深地思考。据我妈说，我站在家里客厅的飘窗前很久没有动静，她好心疼，好想来抱抱我安慰我，但是忍住了。

结束了思考，我来求助了。

“妈妈，为什么大家都不想理我了？”

“来，妈妈抱抱。”

我哭了一会儿说：“妈妈，为什么我一直被人拒绝啊？好难过。”

“为什么呢？”

“因为我太烦人了。”

“那为什么你很烦人呢？”

“因为我一直在骚扰他们啊。”

“为什么你一直在骚扰他们呢？”

“因为我作业不会做啊。”

“为什么你作业不会做呢？”

“因为我——大概是因为上课没有认真听吧。”

“对哦，你上课不喜欢好好听讲，但是作业又一定要做。你就陷入了一个怪圈，就开始麻烦别人，麻烦到没有人可以让你麻烦。看来这不是别人的错了。”

“我知道错了。”

“是啊，你的作业又不是他们的事，你的学习也不是他们的事，他们能在这中间帮帮你……”

“我要心存感激，作业最终还是要靠自己。”

妈妈笑了。

“不求别人了，我要争口气，哼！我也是有尊严的人。以后上课注意力集中，认真听讲。”

我妈她竟然咯咯咯地大笑起来，笑个不停。

“我这么难受，你……”

她却笑得怎么都停不下来。最后，妈妈长舒了一口气：“宝贝啊，我等你这句话，等了 8 个月了！”

啥？敢情我又被设计了！

几个月来，妈妈看着我不断地折腾、犯傻、受挫，但是她都接受。妈妈的耐心最终让我明白——

学习与作业都是自己的事情，都是应该在学校完成的事情。

所以，我就自我觉醒了，上课好好听讲！

从此以后，就算我还有不会的问题，也只是偶尔的，在学校问一下老师和同学就好了，再也不会给他们带来负担，不骚扰他们了。

世界安静下来了，所有人都轻松了。

多少年之后我才知道，周虹老师在那一段时间一直观察着我，陪伴着我，她是如此的安静，想想还是很可怕的。也只有她，才有这样的心力唤醒我的自我觉知。

稳定了很长时间，作业问题又来了，反正我也不是一个让妈妈省心的孩子。

从四年级开始，作业量突然开始急剧增多。什么黄冈练习、期末冲刺，平时还好，一到周末老师就给你一堆一堆的作业去写。

我望着一堆作业，突然不开心了起来。

我有小情绪了！我不想写作业！

于是在某个周五，我对妈妈说："妈妈，作业太多，我不想写了。"

妈妈看着我，一言不发。

当我正要被她盯得发毛的时候，她突然抱住了我，什么也不说。

不知道她是否对我催眠了，抱完，我就乖乖地自觉去写作业了。

我边写作业边想：妈妈真好，不责骂我，她也知道，没有谁会喜欢写作业的，大家都想要轻松，没谁想勤奋努力地做作业，更何况我——一个“放荡不羁”的不在乎成绩的学生。

所以她没有骂我，也没有教训我、说教我，只是抱着我，表示她能理解我这个心情，但是不管怎么样，还是要活下去的。所以作业还要写，即便你不愿意，毕竟要完成学生的本分。

在能量层面，我升了一级，她也升了一级。

如今她不像小时候那样敷衍我给我打太极了，而是开始正面回应了。

做妈妈做到这个境界不容易，我的同学中没有一个人的妈妈能够做到不骂不训不打的。唉，都不容易，我还是乖乖写作业吧。

果然，我越来越能够按时按质完成作业了，对自己学业的承担到了一个新的境界。

我又长大了一些，到初中了。一到初中，学习压力一下子就变得大了起来，听老师讲课的时候，我很迷茫，因为我什么都听不懂。周围的同学们都是在暑假上过预科班的，但是我暑假就一直在外面“浪”。上课是迷茫的，那么写作业就更加迷茫了。初中作业比起来小学作业，质和量升级得可不是一点半点。

毕竟上初中了，我也没有小时候那么幼稚了，但是也没有那么乖了。我一般不会写作业的时候就会去借鉴学霸的，不想写作业的时候我还是会好好克制自己的情绪，尽量把作业写完，能写的都写上。虽然成绩在班级一般，有个科目还在班里是排后面，但是我们是实验班啊，我后面有很多人呢。

伴随着这种自我满足的心态，学习与作业，我从来不给妈妈惹事。像这种孩子必须完成的事情，我还是能做到信守承诺的。

妈妈做得好，孩子也要差不多吧。一家子人，各负其责，各司其职。相安无事！

如今，我一个人在国外，作业更加无人监管。

有一天我与妈妈视频聊天：“妈妈，作业是论文，还要自己做 PPT，好难啊！不想写！”

“可以的，不想写就歇歇。”妈妈说。

“可以不写？”

“第一年我们的目标是安全和开心，开心就好了。”

望着妈妈傻傻的一脸真诚，我真的想告诉她我是在跟她开玩笑。

其实我最近对待作业的态度极其认真，有一天准备论证关于难民的演讲稿一直到半夜。

课堂上一起辩论的可是各个国家的学子精英啊，尽管我们才高一,为了我自己的面子和祖国的荣誉,也要好好完成作业。

我认真地对她说 :“妈妈，就算我再怎么讨厌写作业，我还是会写的。学校的作业一般都是要记入期末成绩综合评定的，所以作业我一定会好好做，再怎么讨厌，总得做啊。放心吧！”

周虹老师在视频里还一个劲儿地客气着 :“慢慢来，不要对自己要求太高。”

天哪，我有这样子不在乎成绩的家长真的是上辈子拯救了世界啊。妈妈对我没有要求，反而让我的内在小宇宙不断爆发。果然，第二天的演讲我得了 95 分，全班第二。

对于我来说，人生就像写作业一样，有好多事情都是像这样就算你不情愿可是也要做的，这是我的责任。

未来还有很多的人生作业，比如大学学业，也许大一开始谈恋爱、大四结婚，然后马上生一串孩子、孝敬公婆父母，30 岁开始实现自己的人生价值，等等，都是我的作业。我相信我对作业的态度会越来越认真，越来越喜欢，享受这人生将来的大作业。

让作业来得更猛烈些吧！

当父母醉酒时

你们家孩子有用吗？

作为孩子应该有用吗？

在 2016 年 12 月 31 日，我和周虹老师去了黄叔叔的会所打算吃个饭。路上，妈妈与各部门总监不停地打电话安排事情，看样子很放松。当时我就问妈妈："不会真的跨年吧？"妈妈说："怎么可能啊，吃完就回来。"

所以最初是想着吃完饭就回家，根本没有要跨年的意思。

于是我们就在那里吃吃吃，可是，世事难料啊。

我就看着周虹老师和黄叔叔在那里喝喝喝，俩人都开心，黄叔叔之前在饭局上是从来不喝酒的。看着他俩在那一杯一杯地喝，我渐渐觉得不对劲了起来。我就拍了拍身边的菊香阿姨（黄夫人）：“阿姨，我觉得他俩快醉了。”

“不会吧。”

于是我就冷眼旁观，我想着，反正妈妈也忙一年了，她想喝就让她多喝点吧，放松放松。

可是我们发现他俩的神情越来越奇怪，同一个话题能聊个四遍。黄叔叔问妈妈：“周汶瑾这个名字真好，谁起的？”前两次周虹老师还很清醒，就说是我爸在我出生前找大师帮忙起的。

黄叔叔问到第三遍：“周汶瑾这名字是谁起的？”我妈手往胸口一拍：“我起的。”

接着黄叔叔就问了第四遍：“周汶瑾这名字真好，谁起的？”

周虹老师大掌往桌上一拍，豪气冲天地说：“你起的！”

“哈哈哈……你可别逗我。”

“哈哈哈……我没有逗你。”

“哈哈哈哈哈哈……”

所有人笑作一团。

嗯，周虹老师醉了。

按理来说我是应该立即把她拉回家的，我就问那天的助理张娜阿姨：“你觉得周虹老师醉了吗？”

“我觉得没醉，她清醒着呢。”张娜阿姨认真观察了一会儿，信誓旦旦地说。

好，那就是没醉，不关我事。这是今年最后一天，规规矩矩的周虹老师也该失控一次了，让她继续闹吧。

到了大家都吃得差不多的时候，不知道是谁提出了去隔壁打台球。周虹老师已经醉成了一个巨婴，拉着菊香阿姨去洗手间。于是我就先去隔壁了，看着阿豪和另外一个小黄叔叔打台球。看他们打了半个小时，感觉不对——周虹老师这是掉到了坑里了？

于是我去洗手间，门一拉——周虹老师和菊香阿姨在洗手间门口深情拥抱，还边抱边晃，就差来个背景音乐《 Only you 》，然后再点上几根蜡烛。我感觉周虹老师此时已经完全是胡诌了，看着菊香阿姨此时打算尽力去理解周虹老师说的话的样子，我打算继续保持沉默，默默地关上了门。

她们开心就好。

过了一会儿，周虹老师不打算继续和菊香阿姨胡诌了，于是过来开始打起了台球。

她拿着杆，盯着球，一副想把那个台球戳穿的样子——感觉好厉害！周虹老师应该挺擅长打台球的吧，曾经豪言壮语说自己江湖号称"一杆清"啊，竟然都没有给我看过。接着我的目光移到了球上——不对啊，这不是白球啊！

我看着黄家大公子阿豪一副快要笑出声来的样子。果然，她用力一戳——擦过了球边，再戳，依然没戳中，这次还顺带了一个周虹老师难得的吐舌头的狰狞表情。

好的，周虹老师并不会打台球。

我认真地思考了一秒钟，认为，这么珍贵的瞬间不能让它只成为回忆，我要把它变成什么实质的东西。于是我拿起了周虹老师的手机，打开了手机录视频功能。

我大概一共录了周虹老师半个小时的醉后台球赛的珍贵影像，边录边笑，有几次直接笑倒在地。

接着，周虹老师打台球打累了，坐到旁边，把菊香阿姨和张娜阿姨叫了过来。她盯了我们几十秒，然后指着我对菊香阿姨说："这个人很邪恶的，她的话你不能信。"

……

我突然有些害怕：周虹老师尽管意识层面已经一塌糊涂了，但她潜意识还是知道我在捉弄她的。

于是我们真的跨了年，最后是张娜阿姨和她的男朋友把我们俩送回家的。他们俩也是唯恐天下不乱的主，一直逗着智商已降到零的周虹老师说胡话。那个叔叔说："周老师，你让黄先生喝多了。"

周虹老师说："不可能，这你可不能怪我。"

叔叔又说："你看天，马上都要下雪了。"

周虹老师说："都要下雪了，这，你可不能怪我吧。"

啥？你说啥？

于是我又想了想，迅速地拿出来了我的 iPad，打开了录音功能，又录了 6 分钟的周虹老师车上说胡话的特别节目。

回到家，我在妈妈床头放了一杯凉水，又用保温杯接了一杯热水，之后在外面客厅发现了一瓶矿泉水，我也给妈妈倒了一杯放床头了。

伺候好酒后的妈妈，我感觉自己好有用。

一夜过去。

我拿着所有的录像、录音找周虹老师勒索，她一句话没说，让我发了一大笔财。

后来我们又见面了，他们听周虹老师讲了这件事情之后，有个叔叔看着我，伸开了五个手指头："我出五千块买这些录像。"

黄叔叔一拍桌子："五万块！"

嘿嘿嘿嘿……

我以后就等着靠这些"发家致富"了。

事后我们又开始赞叹起黄叔叔他们一家人：新年前夜那晚，菊香阿姨对黄叔叔关怀得无微不至；阿豪和大眼妹（黄叔叔家的小女儿）对两个醉鬼表现出极大的宽容和耐心，大眼妹几个小时喜乐、安静地陪伴，阿豪一直耐心地哄着周虹老师乱打台球。六个多小时内，阿豪和大眼妹没有露出过一次不耐烦或是不愉快的表情。我心里暗暗在想：果然什么样的父母养出什么样的孩子，如果是我，我也要让自己和阿豪、大眼妹一样，对自己所爱的人付出温柔和耐心。

这就是周虹老师醉酒的全过程。

其实，我们家没有强权的家长，也没有中规中矩的孩子，我们平时说话也没有一句正经话，全是胡诌。

对于有些滴酒不沾的家庭，孩子就会少一些这样的自由和快乐，也许家长太正经无趣了。而黄叔叔也终于在他 43 岁这一年醉了一次酒，人生得意须尽欢嘛。周虹老师也是，忙了累了一年，也需要好好放松一下。人一直紧绷着会出毛病的。

而在每次周虹老师喝酒回家后，我都会在她床头放三种水，一杯热水，一杯凉白开（最好泡上柠檬），一杯矿泉水。而那杯热水，我怕我们家保温壶太好，还是特意找了凉白开只煮了一会儿就倒进去的。恰逢妈妈那几天在课堂上讲眼色，我想这大概就是眼色吧。对于孩子的眼色就是——在父母需要的时候我们也要有用！父母对于我们太有用，孩子也要有用，哪怕是有一点点用。

后来再和阿豪吃饭，妈妈拉着阿豪的手感恩了半天，也把我放水的事情发上了微信。在她眼里，所有都是要感恩的，她的内心充满了爱与感恩。

所以大家为什么对醉得一塌糊涂的周虹老师这么耐心呢？大概就是因为周虹老师身上满满的爱吧。她对所有人都那么温柔可亲、宽容大度，所以在她醉酒后，我们也会对周虹老师温柔可亲、宽容大度。

我爱我的家，我爱我的妈妈（包括醉酒的）。

买房记——我们家这样“用”孩子

你们敢让一个小孩子去办买房子这么大的事情吗？

你们家敢这样用孩子吗？

在 2015 年 4 月份时，我和表哥一起干了一件大事。当时，我 14 岁，表哥 24 岁。

我们在墨尔本买了一套房子，不对，是一套别墅。一套 600 多平方米、带院子、一厨两卫、三室两厅的大屋。

还是拍卖拍下来的。

我觉得对于一个 14 岁和一个 24 岁的人来说，是一件很了不起的事。

当初是我想要换房子的。旧的房子虽然地界不错，5 分钟就能走到商场和车站，但是离我住的学校太远了，而且房子有点老，于是我请示大人以后就开始在网上找房子了。

找房子的时候，我发觉自己根本无所畏惧。我不是很知道平常人选房子会关注什么，但是我知道我哥和舅妈挑选房子的关注点。他们一般会从多种角度来选——比如附近有没有商场啊，离火车站有多远啊，地区好不好啊，总价有多少啊，甚至是以后有没有发展空间啊——反正就是从 360° 全方位无死角去分析这个房子的好坏。

而我则是——哪个好看、顺眼，选哪个。

于是就开始了我为期一个月的网上找房旅程。先搜地区，看大致的房型和实物图，有感觉了就点进去看看，把不如意的略过，再把合心意的房子全部收藏起来，最后再和哥哥找周末时间去一个一个地实地考察。

然后就到了这一家。进去一看，惊艳——房子太温馨了！但是又觉得很贵，于是我们就告诉了妈妈。

妈妈兴高采烈地称赞我们两个，并没有表示对这个价格的不满。她只让我们坚定地相信自己的运气，建议我们两个开始祈祷并且与房子链接。我每天都虔诚地祈祷——一定要拍下这个房子啊！

我们以志在必得的心态去参加了拍卖会。那天，我们两个都穿了一身黑，我穿的是垂到脚踝的大黑裙子，下面穿的黑色的高跟短靴，手上还带着紫檀和南红的手钏，据我哥说简直就像一个可恶的“富二代”一样。到了那里后，我才发现自己想住进这个房子的欲望是多么强烈。于是我就用手贴在那 1940 年就建好的围墙的红砖上，心里默默念着：“房子啊我真的很喜欢你，渴望拥有你，我想住在这里，请助我一臂之力吧。”即使开始拍卖之后手也一直默默地贴在墙上与房子说话。对面有很多家庭也想要买下这个房子，但是我哥那一天也很厉害，人家都是五千、五千地加价，我哥直接加两万——心理战术啊！果然，这种志在必得的气势让很多竞拍者望而却步。于是到最后，我们以 115 万澳元的理想价格拍下了这个美丽的大房子。

其实，我们两个的身体一直在衣服下面抖啊，当进房子与房东详谈的时候，我们还在抖。没办法啊，实在是太紧张了。

我看着哥哥和他朋友强作冷静，双手放在膝盖上，彬彬有礼、温文尔雅的年轻绅士模样，内心感觉到无比兴奋和激动。老房主心情很低落，拍卖价格比他们的预估低了十几万，他们还想再加钱，哥哥直接撂话：“不是这个价钱的话，这个房子我们不要。”我们当时都没有怕真的买不下这个房子，因为我们坚信这个房子一定是我们的。于是最后，房东妥协了，我们就得到了这个以比预想价格要低得多的心仪的房子。

这就是我们家孩子的“有用”，我们是无所畏惧与淡定坚决的有用的孩子。我们敢想、敢要、敢得到。

事后住了进来，我才总算真真切切地感受到了这个房子的好：古老而有历史的韵味，老房主保养得超级好；家里后院很大很适合养宠物；还有小孩子的一个小型游乐园；车库很大几乎可以停下三辆车；离公交车站、火车站和超市只有10分钟的步行距离；附近不仅有药店还有写字楼……几乎所有的生活必需设施都在离家最多20分钟的距离内；家内采光很好，冬暖夏凉，在室外温度30℃的时候，室内依然凉风习习。

关键是我当初买房子的时候可是什么都没有考虑啊——哪个好看哪个有感觉就挑哪个。所以我大概是天眷之子吧，运气一直很好呀。

这就是我们家的教育方式，张、周氏族群，就这么用孩子。他们看上去个个都傻乎乎的，大笔钱一挥你们想怎么干就怎么干——其实我们家的大人内心清明着呢，他们最大的清明就是愿意相信孩子，从而大事小事成就我们。

我们很自豪，因为我们很有用。

我们很勇敢，因为我们从小就有用。

我们很自信，我们相信我们长大后更有用。

澳洲、日本、中国，哪国父母最累

世界各国孩子，谁的日子最好过？

世界各国家长，谁最累？

想不想知道世界各个文化圈的父母都是什么样子的呢？

想不想知道？

想不想？

哼哼……

求我呀？

好了，不玩了。

贴心的我去采访了两个同学，一个澳洲的女生、一个日本的女生。

贴心的我不仅去做了采访，还打算把整个采访过程按照内容对比记录在下面（方便你们比较，其实只是因为我懒）。

关于作业

澳洲篇

时间：2017 年 5 月 5 日，星期五，晴。人物：某帅气白色短发德澳混血 15 岁少女 Lara 和我。

我："Lara！我能对你做一个很快的采访吗？最多 15 分钟。"

Lara："好的，你说吧。"

我："首先，你们的家长会帮助你们写作业吗？有时候不会的问题他们会帮你解答吗？"

Lara："不会。他们很忙，有很多工作要做，顾不上我的。而且，他们其实也帮不了多少。"

我："那你们有没有需要家长和孩子共同完成的作业？"

Lara："啥？那是啥？"

我："就是要你们互相辅助来完成家庭作业。"

Lara："没有哦。家长哪有心思关心这些事情？如果学校布置估计家长也不会做。"

我：“那你们家长检查作业吗？”

Lara：“嗯……小学的时候偶尔会检查一下吧，但是现在都这么大了谁还管你啊。”

我：“所以说你们家长几乎就不被包括在‘作业系统’里面喽？”

Lara：“是的。”

日本篇

时间：在某个风和日丽的下午。人物：学霸一日本少女柚香和我。

由于我们放学一直是一条路，所以就在路上完成了异常高效的采访。

我：“你们家长管你们的作业吗？”

柚香：“嗯……其实家长是不怎么关心作业的——或者说他们不会关心孩子，但是会关心孩子在家长圈里的名声。所以他们虽然不会帮助孩子做作业，但是会要求孩子写好作业。”

我：“哇……”（我目瞪口呆）

结论：澳洲家长完全不包括在作业里面，不检查、不帮助，也没有布置给家长的作业。家长和作业就是完全分离的两个事物。

日本的就比较有趣了，我其实也了解一点。家长们在私底下都有联系，平时也会出去聚餐交流一下养孩儿心得之类的。家长们其实是非常冷淡的，但是会关心自己孩子在圈子里的名声，因为这关乎自己在圈子里的地位。

关于成绩

澳洲篇

我："你的家长关心你的成绩吗？会强制让你去拿 A（最高等级）吗？"

Lara："我的家长说实话不怎么关心成绩哦，他们觉得我只要能做到最好就好了。考不好也不会骂我，只会鼓励我，然后让我寻求老师的帮助。"

我："那会有些家庭强制孩子的成绩吗？"

Lara："会有一部分有要求，而且还有一部分家庭如果考不好会有惩罚。但是这类人挺少的，大部分家庭对于孩子的成绩还是很宽容的。"

日本篇

我："你们家长对于成绩有什么要求呢？"

柚杏："和作业差不多吧。就是那种其实完全不在意孩子，但是一定会要求成绩好。"

我："你们活得看起来不容易啊。"

柚香：意味深长地苦笑。

结论：和中国家长真是完全不一样啊。我就不多说了，大家自行体会吧。

家长与老师的关系

澳洲篇

我："你们家长和老师的关系是什么样子的呢？"

Lara："家长和老师？没有关系啊。除了每年一两次的家长会，几乎什么其他交集都没有。"

我："日常生活中没有任何关系？"

Lara："没有。只有当孩子在学校出现了非常重大的问题时才会有联系，但是必须是非常非常严重的事件发生才可以。学校甚至都在限制家长和老师的联系，每一次联系都要写记录。"

我："哇……"

Lara："为什么要'哇……'"

我："中国家长和老师的关系超级密切。"

Lara："为了什么？"

我："……"（这说出来可就非常尴尬了）

日本篇

我："你们家长和老师的关系怎么样呢？"

柚香："啊……可以说某些时刻是敌对的关系吧。"

我："啊？！"

柚香："是的。因为日本学校中的欺凌事件非常多，而校方也会对欺凌事件持异常严肃的态度，有些时候会将施暴者的家长叫来。这个时候家长就会骂老师，说'我们家孩子绝对不会做出这样的事情'之类的。类似的情况非常多，所以说家长大部分时间和老师的关系一般。"

我："厉害了。"

结论：澳洲家长和学校就是完全分开的两个团体，互不干涉，各自有各自的教育理念。家长和老师不能有过多联系。

日本家长不怕老师，和中国家长还是有不同之处的，但日本家长与中国家长有时都会对孩子"咄咄逼人"，还是有异曲同工之处的。

家务活

澳洲篇

我："你在家做家务活吗？"

Lara："会。比如说有时候遛遛狗啊、整整房间、把衣服放到洗衣机、把碗放到洗碗池什么的。”

我:“那你的家长是赞同你做家务呢？还是完全反对呢？”

Lara：“他们其实完全不在意的。你不做就不做，做了就‘呃……好吧,你想做就做’的状态。其实做不做都可以啦。”

日本篇

我：“你平时在家里会做家务吗？”

柚香：“嗯，会的。”

我：“你的家长会不会觉得做家务耽误了学业之类的？”

柚香：“不会的。我有时候会做些家务赚取一些零用钱。我如果不做也没关系，做了爸爸妈妈也不会有其他表示。”

结论：澳洲家长真的是完全不在意这些小事情啊。但其实当我听到有些国内家长不让自己孩子做家务是因为不想耽误孩子学业的时候，我的内心也是震惊的。

日本在这方面还是挺开明的，零花钱系统也在起作用。

零花钱

澳洲篇

我：“你一周有多少零花钱？”

Lara：“30 澳元（约 150 元人民币）吧。”

我：“那以后呢？”

Lara："当我有了工作大概就要自力更生了吧。"

我:突然感觉内心惭愧,好害怕自己以后成为个"啃老族"。

日本篇

我："你的零花钱家长一般会怎么给？"

柚香："这方面他们倒是挺开明的。如果我说要和同学出去玩，他们会给我很多，然后我就一直留着用就好了。"

结论：澳洲、日本家长们对于零花钱还是很宽松的。中国家长限制比较多。

交友

澳洲篇

我："你们的家长对你交友有什么要求？"

Lara："对交友有要求是什么意思？"

我："比如说，你必须要交一些成绩好的朋友，或某些方面很好的朋友之类的。"

Lara："没有限制，我交什么朋友他们都不会怎么在意。"

我："完全不在意？"

Lara："嗯。但是如果我交了一些真的非常差的朋友，大概也是会在意的吧——可能会提几句。"

日本篇

我：“家长对你交友有限制吗？”

柚香：“大概是没有限制的吧。他们不怎么关心这方面的事情。”

结论：澳洲、日本家长对孩子交朋友几乎是不设限的，孩子人品怎么样也不是用成绩来区分的。中国家长的评判标签最多。

玩

澳洲篇

我：“你平时和父母出去玩吗？”

Lara：“小时候会吧，现在不会了，太忙，而且都这么大了。”

我：“在你们小时候一般都是谁负责照顾你呢？”

Lara：“双方轮着。”

我：“谁带你玩？”

Lara：“虽然工作很忙，但是他们会尽量挤出时间陪我们玩的。但是因为每个家庭不只有一个孩子，所以可能会顾不上，但是对每个孩子都尽力做到公平。”

我：“你父母有控制你玩电脑、玩电子游戏的时间吗？”

Lara：“小时候可能会控制一下。”

我：“现在呢？”'

Lara："现在不会了，他们相信我能控制自己。"

我："哇……中国的孩子还真的是很苦啊……"

日本篇

我："平时你的家长会陪你一起出去玩吗？"

柚香："小时候还是会有的，现在大了就不会了。"

我："那他们有控制你玩电子游戏的时间吗？"

柚香："看人的吧——如果是在不影响学习成绩的前提下，怎么玩应该都可以。"

结论：他们相信自己的孩子，不像国内的家长一样天天胡思乱想。也会拿出时间尽量陪伴自己的孩子，不会找借口逃避自己的责任，就算家里有几个孩子也会尽量平等地对待每一个孩子。

课外班

澳洲篇

我："你们有没有课外班？"

Lara 神秘一笑："没有，只有你们中国学生有。"

我：扎心了。

日本篇

我："你们有课外班吗？"

柚香：“有的。”

接下来的一大段描述和中国的补习班都差不多，只不过他们有一个制度很特殊，就是私立学校制度。

他们的私立学校很厉害，家长们都想把孩子送到私立学校去接受最好的教育，从幼儿园开始都要上最好的，然后上私立的小学、初高中，再上个好大学，毕业后去一个好的公司工作。私立学校录取的制度非常严格，不仅要考察孩子的成绩，还要考察双亲的家庭背景、社会背景和收入，还要考察父母的人品。考试都是家长和孩子一起考的，面试要问家长问题，还要问孩子家长平时在家都是什么样的之类的问题。他们为此还有培训，还要背稿子。有条件的家长会尽全力把孩子送到私立学校来证明自己是个好家长。

说实话，我觉得日本孩子和家长的压力可能比中国孩子和家长的压力还要大那么一些。

但是柚香又加了一句话：“他们把孩子送到私立学校，有很大部分的原因是想以此来证明自己是一个负责任的家长而已。”

结论：在澳洲，学习完全是靠自己，全凭自学，因为老师不是很靠谱。现在我知道了为什么他们连课外班都没有，每年还能出那么多学霸，真的是非常佩服他们啊，全靠自己啊。

而我身边的这些在澳洲留学的中国同学们，才高一就开始疯狂补课了，又是语文、又是数学、又是英语的，为他们的高三时光默哀一下。

日本这个制度果然还是挺有意思的，私立学校要比普通学校和公立学校要好很多，私立学校里面大部分都是学霸。

假期时间

澳洲篇

我："你们假期出去玩吗？"

Lara："嗯，一般都出去。而且每年会出一次国。"

我："不会担心你们的学业吗？"

Lara 不可置信地看了我一眼："不。"

日本篇

我："假期出去玩吗？"

柚香："一般是不会的……因为爸爸的公司并不会放假。"

当当当！重头戏来了！

恋爱

澳洲篇

我："最后一个问题。你们的家长如何看待恋爱问题？"

Lara："如果是女生的话，一般妈妈都非常赞同，让我们好好享受一下现在的青春时光，甚至还催促我们去找个男朋友。但是父亲们还都不怎么赞同。"

我："虽然之前听说过国外的家长比较开放——但是亲耳听到果然还是感觉不同啊。"

Lara："所以一般有男女朋友都会对妈妈说的。"

我："那男生呢？家长还管吗？"

Lara："男生就完全不管了，爱怎么样就怎么样。"

我："哇……"

日本篇

我："你们的家长管恋爱吗？"

柚香："看家长吧，大部分家长还都是很严厉的，但是有一小部分觉得无所谓。"

结论：和国内真是完全不一样，而且果然全世界的父亲都呵护自己的女儿。我感觉正是因为这边所有东西都是敞开的，所以恶性的事件发生得倒是比较少。

采访结束。总而言之，澳洲的家长比较轻松，家庭教育以及家庭气氛是真的比中国的压力要轻很多。更令我惊讶的是，澳洲有好多文化和周虹老师的教育理念不谋而合，可是周虹老师很少接触国外的家庭啊，我也是在这个采访之后才了解这些，真要小小地佩服她一下。

日本文化和中国文化还是有很多的共同之处的，毕竟文化圈属于一种，古时也互通有无，但是日本由于近年来大量吸收欧美圈的文化的原因，家长到底是比咱们霸气一些。只不过这通篇稿子看下来，感觉日本的家庭风气是有一些冷淡的——有很多刚性需求的东西都是基于别人的看法上的。不过其实和中国家庭也差不了多少。

借用妈妈的一句话：孩子教育的底线在家庭。民族的良性家庭文化，要以每个家庭为基本单位去建立。

地球家园的歧视

周同学的提问：

1. 为什么中国人会嫌弃中国人呢?

2. 如何才能从根源上杜绝“嫌弃”呢?

我曾经是个愤青，义愤填膺地认为所有瞧不起中国人的人都该……

后来我发现我错了。

在我刚到澳大利亚时，我的心中还怀揣着非常天真稚嫩的梦，这个梦是所有出国留学的学子的梦想，但几乎绝大部分的人都没有实现这个最初的梦想。当然，我也没有。

这个梦想就是——交上一堆国外朋友。

第一天上学时，我还稚嫩得宛如刚长出嫩叶的鲜嫩小苗，单纯得让自己都尴尬。当时我对身边陌生的气息感到慌乱无措，特别想找一个外国朋友。可是没成功。

也是，人家都是从幼儿园甚至从出生玩到大的朋友，我一个外来人，语言还不通，文化也有很大差异，凭什么让人家带我玩？

其实第一次有完全想要放弃的感觉是产生在一次和中国的同学们聊天时得知的一件事情：曾经有一个日本女生，她英语特别差，但是人很好也很可爱，和中国人玩得特别好。但是就在一次活动中，几个澳洲女生开始欺负她，往糖里放小炸弹，当她睡觉时在门外砸门吓她，等等，最后把这个日本女生逼到退学。

虽然之后那几个欺负她的澳洲女生也受到了一定的惩罚，但是由于其中几个家里势力太大，连学生记录上该记的那一笔都没有记，当然最后的主谋们都自愿转学了。

我听了这件事后，整个人都震惊了，原来只能在电视中看到的情节其实在平常生活中真的有发生，种族歧视也并不是笑谈。

之后有一段时间，我整个人都过得战战兢兢、如履薄冰，看着学校每一个澳洲女生都如临大敌，生怕自己一个不小心就会被人欺负。

之后去了一次泰国，我发现自己其实想多了。她们大多数人也都是很好的，连那个没有转学的曾参与欺凌日本女生事件的主人公之一都对我们很好，还和我们开玩笑，也许她们都没有时间和精力去关注我们的事情，毕竟虽然中国人很多，但大部分也都并不在主流圈子里。

最后，我虽然对她们的印象大大改观，但是依然放弃了之前的“与外国女生交朋友”的想法。放弃了之后，我反倒是交上了一个朋友，她为人很好，心地善良，拥有一头闪耀白发，长得很好看、很帅气。

之后我又有了一个更加惊奇的发现，我发现学校里大部分的“ABC”（Australia born Chinese，即出生在澳大利亚的中国人）似乎都不愿意承认自己祖籍在中国，不愿承认自己会说普通话，甚至非常瞧不起中国留学生，有意与我们划清界限。

事情发生在我刚来的第一节课。

我坐在最边上的一个座位上，旁边坐着一位长着中国脸的亚洲人。我观察了她半节课，从她的神态、气质、长相，还有 iPad 里的某中文阅读软件和某中国音乐软件，我觉得可以百分之百确定她是个中国人。于是我就问了她一个关于讲课内容的问题，用中文问的。肯定会有人觉得我非常不礼貌，但是我当时觉得她也是留学生，所以就这样问了。

然后她扭过头来，给我翻了个白眼儿：“Sorry，I don’t

speak Chinese.（抱歉，我不说中文。）"

哦，好吧。

我当初只是感到不解，浓浓的不解，她为什么要否定自己会说中文的事实呢？

后来，学校组织一起去泰国的时候，她为了听八卦，就开始和我们说中文了，这算不算打自己的脸？而且她的父母也还在中国。

在泰国的时候还发生过一件事，是关于另外一个"ABC"的。在有一次做游戏的时候，不知道为什么突然提起了关于中国人的话题。所有澳洲女孩都说这个"ABC"是中国人，然后这个"ABC"用非常嘹亮的、非常愤怒的声音说道："I'm not a Chinese! I am an Australian! I'm having a Australian passport!!（我不是中国人！我是澳大利亚人！我拿的是澳大利亚的护照！）"

然后旁边有个澳洲女孩就用一种非常随性的语气说道："No, you are a Chinese.（不，你就是一个中国人。）"

然后那个"ABC"就夺门而去了。

我又一次极大地震惊，承认自己从中国来，是中国人，有这么难吗？作为一个中国人是这么奇耻大辱的一件事情吗？

而且据我所知，这个"ABC"和我之前提到的那一个

“ABC”，家长为了让她们中文不要太差，当她们在澳大利亚出生后还特地将她们送回中国，读到二三年级才再回澳大利亚的。

我是真的不懂了。

其实除却这两个典型，我认识的另外一个很可爱的“ABC”就对我们很好，因为她中文说不好语调很奇怪，所以和我们说话时大多还是用英文，但是对我们是真的很友善。

2016 年底，我参加了一个夏令营，其中一个香港女生、一个澳门女生还有之前讲的第一个“ABC”，怎么诋毁我们、当着我们的面嘲笑我们、直接说我们听不懂英语什么的，我就不再赘述了，因为说得真的太过分了，我平时不怎么生气，但是这个真的很让人上火。

之后我们就去年级组长那里告她们了，最终结果是她们止语了。

我还有一个日本同学，那个香港女生曾在她面前说过：“我只去过香港，没去过中国。”那个日本女生还跟我吐槽：“我觉得她很可笑，而且对于我们，住在东京的人和住在大阪的人可不会这样打起来。”

她还对我说，她在这边也认识很多出生在澳大利亚的日本人，这些日本人并不会否定自己的出身，也会对来这边的日本留学生非常友好。

其实不仅是“ABC”，连一小部分出去留学的中国人都会很讨厌中国人。

在这一段时间，我发现，其实最讨厌中国人的人不是澳洲人，也不是日本人和韩国人，而是中国人。我就在想，为什么中国人会最嫌弃中国人呢？这里也有其他国家的在这里出生的人啊，他们就没有嫌弃自己国家的人啊。

最近我又悟了，别说人家“ABC”嫌弃中国人，其实各个地区的中国人也都在嫌弃对方啊。比如我还有一个从东莞来的同学。我现在问问你们，对于河南和东莞的第一印象都是什么？（我不多说了）

我们俩可以说是来自中国两个被“黑”、被留有刻板印象最最最深的地方了。

河南绝对是最委屈的地区。不知道从什么时候开始，这个农业大省，拥有着全国第一航空港区、全国交通枢纽、全国的粮库、连续几百年的古都，还是被加上了非常差的刻板印象。我自己虽然不想承认，但是确实，当我来这边时，身边来自北上广的同学问我是哪里人的时候，我会直接说出来我是从河南来的。

我虽然知道大家的看法，但我要对自己充满信心。但不可否认，当走出国门与这些来自北上广的同学交际时，我真的会有一种无意识的自卑感。

之前妈妈也对我说过，曾经有一位企业家对妈妈还有大舅说："你们完全改变了我对河南人的印象。"

他们自豪地回应说："我们是真正的河南人。"

我觉得这句话在某种意义上还是非常给力的。

而我那位来自东莞的同学也是特别惨。

国内两大知名手机厂商总部都在东莞，东莞经济很发达，很漂亮，但是一提到东莞大家想到的都会是一些"不干不净"的东西。之前甚至还有另一位同学在这位来自东莞的同学面前诋毁过东莞，说东莞怎样怎样。那节课，她们俩差点打起来。

为什么大家总是要如此嫌弃呢？

其实不只是民族与民族、地域与地域，最大的歧视，来源于每个普普通通的家庭。

不信？

家长总是在嫌弃自己的孩子：

"你看人家 ×××。"

"你怎么这么傻？"

"你就不能学学人家？"

孩子们有样学样，也一直在嫌弃身边的同学。

"你看她说话口音好重。"

"我感觉她有好几天没有洗过澡了。"

"她成绩好差啊。"

“他的父母离婚了，你不知道吗？”

乃至之后踏入社会开始嫌弃同僚、结婚生子后大家一起嚼舌根、再到大婶大妈之间的钩心斗角，我们无时无刻不在与自己人做着斗争。

所以要说嫌弃自己，最大的根源还是在家庭里面。家庭的模式就是嫌弃。我们喜欢自谦，真正的自谦还是好的，毕竟没有人会喜欢自我意识过剩的人。但是我们似乎把自谦发展到了一个与我们老祖宗所希望的完全不同的一条路上，我们不仅发展过头，将“自谦”变成了自我嫌弃，还开始嫌弃起了别人，嫌弃起了自己的家人——毕竟家人总是最好下手的。

之后就发展成为了嫌弃自己的身边人——同学、朋友、对手，甚至是路边走过的无辜路人……

我们无时无刻地在嫌弃着。

我其实也会自我嫌弃，但是幸运的是我有一个不会嫌弃我的父母。每当我开始自我嫌弃，比如：“妈妈我觉得我好糟糕。”

“糟糕我也爱，何况你是最好的宝宝。”

“因为我是你的孩子所以我看起来才没那么糟糕，要是我不是你的孩子我一定特别糟糕。”

“……”（完蛋了，我竟然觉得她说的有道理，不行，我要好好鼓励她。）

“你看你会写文章，会画画，会弹钢琴，会唱歌，会说英语，会说日语，还会做主持人。”

“可是我的同学全是钢琴十级、画画超棒、作文次次满分、英语比我好得多、还会说德语的“变态”啊！”

“只因你是我的女儿，我就会爱你啊。”

“可是她们成绩都可以‘吊打’我啊！”

“爱你与成绩无关啊！”

“你看，我的画只是上了学校画展，我有两个同学可是上了全墨尔本的私立学校的画展啊！全校只有两个名额啊！她们还都是中国人，为国争光了啊！”

“可是你看你声乐才学一年，老师都让你唱五级的歌了。”

“我有个同学萨克斯学了三年现在都考到七级了，还得到了减免一半学费的奖学金！人家乐理都四级了，我对乐理还完全小白！什么都不知道！”

“那是人家的优势，你有你的优势。我们爱你与这些无关啊。”

我已经找不到任何理由去反驳了。

“哦对了！对于你来说，你爸妈好不好啊？”

“……”我举起白旗。

谈话到此结束。

虽然我之前持有很多嫌弃自己的观点，但是现在的我不一样了。我觉得自己全身上下都是优点，比如我的语言天分、我的台风气场、我的乐感，还有我现在正在写的书——我相信没有很多孩子能在我这个年纪就出书。

所以我的爸妈是拼尽全力地成就我，爸爸前一段对我写书的事情还表达了极大的赞赏，夸起我的文笔是滔滔不绝。

我觉得比起来那些用尽全力贬低自己孩子自我价值的父母来说，我的父母真的是超棒了。他们没有教我如何去嫌弃、贬低别人，所以在平时同学交际中看到一个人的闪光点就使劲夸的我，可以说是在四处互黑互嘲世界里的一股清流了——虽然会经常被人说发痴。

我曾经是个愤青，义愤填膺地认为所有瞧不起中国人的人都可恨至极，后来我发现我错了。因为，更多的嫌弃在我们内部，而我们又是团结的，只不过除却团结的时间，我们无时无刻不在与自己人做着斗争。

你，嫌弃别人吗？

国外的月亮更圆?

是不是国外的月亮就比国内圆呢?

是不是人家的都是好的呢?

很多中国人有一种观点，那就是——国外的月亮一般都比较圆——除了中国，哪个国家的月亮都比中国的月亮圆。

其实并没有，我就是嘲讽一下。

为了迎合广大受众群体的期望，我先来夸一夸我所在的澳大利亚墨尔本的月亮是多么的圆润美好吧。

首先是学校的月亮非常圆。

我不知道美国、英国还有其他发达国家的学校是什么样，但是我现在上的学校（Firbank Grammar School）还是很棒的，刚一入学就颠覆了我对学校的传统印象。

这是一个有百年历史的女校，年级的设置是从幼儿园一直到高三。学校中学部有国内普通大学那么大，光草坪就占了相当大的一部分，还不止有一个校区。学校中学部有独立的体育馆，体育馆里面还有一个 25 米的标准游泳池。体育馆也很全能，羽毛球、排球、乒乓球、篮球什么都可以打，但是网球、棒球和垒球要去隔壁小学部打。隔壁小学部好像是和幼儿园连在一起，也是和我们中学部差不多大。学校内还有实验科室和烹饪科室，所有有关科学的科目都在科学楼上，烹饪课去烹饪科室上。还有个数学楼，所有年级的数学课都在那里上。

这里的学科很高端，每学期都有变化。我曾经修过的科目是英语、中文、数学、物理、历史、化学、科学、心理学、地理、体育、陶艺、美术、缝纫、烹饪、声乐、大提琴、钢琴，等等。很多都是国内老师家长口中所说的“不务正业”的科目。

平时是没有固定作业的，周末作业也蛮少，假期作业应该是只有高中才有，反正我九年级的时候是没有做过假期作业的。作业大部分是要记入期末成绩，大概占百分之二十，这种作业叫作 assessment，我也不知道该怎么翻译，反正就是作业。

科学和人文学科的作业要么是让你回答问题，要么就是让你写论文或者写分析。科学的作业一般是在实验之后，让你根据所得实验结果和数据去做分析，回答老师给出的问题。

语言学科的作业一般都是写作文，也有一些作业本。assessment 是要算成绩的，普通作业不算，只是老师单纯给你布置作业而已。

上课的系统很厉害。周一六节课，周二至周五每天五节课。一节课一个小时，早上八点半开始上课，十点半有个大课间。一点半开始午饭，时间一共一个小时。除周一外，下午就一节课，三点半放学回家。

因为学校很大，教室很多，所以我们几乎每节课都要换教室，从学校最左面跑到最右面的苦真的不只是说说的。

关键是我们的课本还特别重，全是铜版纸彩色印刷，尤其数学书，跟字典差不多。最让国内家长无法容忍的是这个——笔记本电脑是高中生必须带着上课的！我要搬个笨重的笔记本在学校各个教室之间跑来跑去啊，看到这里，如果咱俩是同龄人，你估计会羡慕我，如果你是家长，应该就开始担心我会不会上课玩电脑了。

更奇葩的是——上体育课也要搬电脑，还要拿运动包，我觉得经过初高中五年，大概我的麒麟臂就可以练成了，怪不得人家澳洲女生们的身体那么强壮，都是上学背电脑练出来的。

学校还有音乐特殊课程，只要选了，你就可以其他课上到一半，抱着东西丢给老师一句："我有音乐课。"就可以迈着矫健的步伐走掉啦——简直是光明正大的"逃课"。

没有月考没有模拟测验，只有单元考。单元考也不难，但是要记入期末成绩。上面作业中提到的 assessment 也算是另一种意义上的考试。期末考试由于学校人少，所以整个年级的各个民族、各种肤色的同学都是在一个大教室考的，一天最多考两科，考一周，不上课，而且期末考试只有从九年级开始才有，从小学到八年级是没有期末考试的。

关于高考，这里的政策则是更加的人性化。每个人可以选四至六个科目，而且有近百种科目可以选。只不过学校只提供一些热门科目的课程，若是你要考不在学校提供范围内的课程的话需要自己找地方考。

说这么多，只要你能找到可以考这个科目的地方，你什么课都可以选。

最颠覆的应该是——成绩从不排名，只有前 10 名会排出来。听说如果学校内排名算犯法啊。每个老师都会对学生进行详细的评价并附在期末总评中。老师都是非常尽责任的。

学校每年还会给十年级以上的同学做一个关于未来职业趋向的测试，十年级的所有学生聚在一起，花一个上午的时间做一个大册子，足足有一本书厚。之后交给专门的机构去一个一个地分析，过一段时间会交给每个学生一个小本，里面包括给学生的分析结果，学生可以根据结果考虑大学的专业选课甚至未来的职业规划。

学校还组织我们去参加在墨尔本每年都定期举办的一个重要活动，就是把澳洲所有比较知名的大学聚在一起开的一个展会，一个学校一个工作区域，很多衣着考究、彬彬有礼的老师期待着我们走向他们，向他们提问题。我们去了解各个学校的专业、优势等信息，然后为自己将来的大学生活做铺垫。

这个活动确实很有用，我现在已经大概有了对未来大学的选择意向了。

学校平时的活动和假期也很多，每年一次的大型游泳活动还有运动会，都是持续一整天不上课。每年最大的一个活动是全校学生参加的一个表彰大会（Presentation evening），表彰大会在市中心的一个政府中心大堂开，大堂内能容下全校的学生和学生的家长，还有一整面墙的管风琴，超级霸气。这个表彰大会主要是让这一年内所有通过各种各样活动而获得荣誉的学生和高三考试考得特别好的学生及各科状元上台领奖，还有学生组织的合唱团和管弦乐团上台表演，如果够厉害甚至还能来个独奏，那可真是出尽了风头。

除了高三，所有年级每年至少有两次大型户外活动，一般是出去露营，一次至少五天，九年级有一个活动是去泰国玩三周，还是很爽的，三周不上学，回来再上一周课直接放假。这些露营活动都很好玩，你还可以选项目，比如潜水等。

澳洲学校的月亮很圆吧？其实这边社会的月亮也是很圆的。

平日很少看见有人插队，坐扶梯大家都自动靠左，把右边的道路留给需要疾行的人。路上见到陌生人，只要双目相对就会打个招呼。邻里之间互相往来也是很平凡普通。当你想进一个门时，只要前面有个人刚进去，他就会帮你打开门，等你进去再放手走人。

像这种每天都有人对你打招呼，见到你有什么好的地方就一通乱夸的生活简直不要太美好。

但是就算是月亮也不会一直圆润啊，它也有阴晴圆缺的时候。

比如，娱乐活动的月亮实在是不怎么圆。

这里的娱乐活动包括很多，那么我就先说一下关于逛街吧。墨尔本所有的商场，只有一个会在周四、周五和周六开到晚上 9 点的 Chadstone Shopping Centre——一个传说中南半球最大的购物商场，其他的所有商店，大的小的，全部五点半关门，连个缓冲都没有，说关门就关门。夜店、KTV、酒吧也都很少，更不用说在中国随处可见的足疗按摩、洗浴中心什么的，根本没有。晚上的活动对于普通人来说简直少得可怜。

大家都回家了，生活不仅仅是工作赚钱。家庭最重要，家是这里的人们最喜欢的去处。

而这边青少年的娱乐方式只有一种——就是开派对。大家浓妆艳抹衣着光鲜地去随便一个同学的家里，先吃饭然后放音乐，接着大家一起跳跳舞、聊聊天。能从下午玩到凌晨。说真的，这种娱乐方式大概很多中国家庭一辈子也理解不了。

心疼一波澳洲青少年。

还有快递。快递超慢，能一周给你送到就算好的了，我有个快递整整等了两周，最后还是表哥带我去一个快递中心拿的。送快递的敲一下门，你只要一声不应他就走，一点反应的余地都不给你留。外卖也超级贵，能吃的还少，大多都不好吃。不过因为舅妈、嫂子做饭超级好吃，所以我一般不点外卖。

医疗系统也是非常的冷淡。私立诊所平时 5 点半就关门，周日中午关门，提前预约还贵得很。如果你去公立医院，不管看什么病都要等三小时以上，有一次哥哥不舒服去医院等了七个小时，从下午等到凌晨，感觉自己快死了才轮到他。

每当遇到上面的情况，我就开始怀念社会主义的美好，对妈妈抱怨时她总是对我说："无处安心，无处不安心！这是大智慧。”

“全球一体化如火如荼，你们已经是地球村的人了。你是中华民族的孩子，炎黄的子孙，也是地球村的孩子、宇宙的孩子，大格局，大视野，大胸怀！心安是家，走到哪里都是家，宇宙就是家啊！”

一次次，我似懂非懂，又完全接纳。

走得越远，见得越多，我总算一次又一次地认清了世界上哪里都好，关注什么，回收什么。国内国外都好，各个国家都有自己的习惯和文化，我们要在体会异国文化和生活习惯的同时学习着，要取其精华去其糟粕，才能达到真正的出去留学的目的。

今晚的月亮真美啊。

青春期远离性与毒品

青少年们千差万别，但也多的是不出去“嗨”的人，为什么？

守住他们心理底线的到底是什么？

我是个奇葩。

2015 年时，我曾经在一次跟着妈妈出去的饭局上，和一个妈妈的朋友的同龄孩子偶然聊到了这个话题。他问我：“你晚上不出去玩儿？”

我喝了一口妈妈面前冰凉的饮料：“不，天黑之前必须回家。”

他惊讶了一下，戳了块儿面前的烤肉。

“周末呢？”他拿起了面前的啤酒罐子，喝了一口。

“不啊，一般都待在家。”

他把啤酒喷了："啥？！"

之后他说，我是他见到的第一个晚上不出去玩、天黑之前必须回家、不在外玩通宵的女生。他无法用言语形容当时的震撼，因为他身边大多数女生都是在外面随便"嗨"一晚上都没有人管的，他对我这个奇葩表示异常震惊。

我当时不以为然，不就是晚上不出去玩吗？有什么好震惊的？他简直宛如见到了个"猫在盘腿坐"的根本不可能的景象一样，满脸的不可置信。

事实证明：天道好轮回，苍天饶过谁？在一段时间之后，我也经历了两次这样的不可置信，才理解他的心情，因为真的已经超出了自己的常识范围，有只白猫在我面前盘腿坐着，头左摇右摆的，嘴里还念念有词——我的天哪！

在写这篇文章之前，我非常幸运地采访了三个"江湖"上风流俊朗、"混"得风生水起的优秀男性，我有幸通过他们生动的言语描述接触到了那个我完全接触不到的、听都没听过、想都不敢想的另外一个青春期世界。在这两天内我脑中的新信息量大概超过了我整三年的见识，让我深刻地了解到了缺乏家庭关爱、关注的孩子的人生都会经历些什么。虽然我明白所知道的不过是冰山一角，可这足以让我深深地怀疑我上的可能是个假初中和假高中。

在经历过这三位优秀男性对我的关于青春期的另一种世

界的“拔高课程”后，忧患意识油然而生，我想把这些残酷的真相展现出来。无论你是家长还是孩子，看过之后肯定会有所不适，觉得内心受到了极大的冲击，但是也许唯有不舒服才能激变家长们对孩子的漠不关心。

先感恩一下这三位优秀男士，他们对我推心置腹、毫不藏私地传授知识，感谢你们的大度与慈悲。

正题开始。

在出国之前，我对国内男生没有什么特别感受，我觉得他们都一样。当时我还怀揣着一个嫁个国外老公的梦想，我觉得国外男生都很干净、绅士、体贴，简直是梦中男神。但是出国后，我倒是有了不同的看法。

曾经有国外女生告诫过我：“千万不要找这边的这个年龄的男生，现在的男生全都非常鲁莽，而且还不整洁，他们和女孩子交往的目标只有一个——和女孩子上床，而且他们对东方女生似乎有着莫名的兴趣。”

我觉得国外已经是很开放了。有一些同年级女生已经有过性经验，也大概人人都有男朋友，但是他们对这方面很注重，所以几乎没有更加过激的事情发生，比如说怀孕、艾滋病之类的。

在这里我想好好地夸赞一下国外的性教育。国外对青少年的性教育在很小就开始了，在青春期的时候会进行更加详尽的科普——比如我们这个百年历史的女子学校曾经还教我们用橡胶棒来练习如何套避孕套。这些东西在国内看起来是天方夜谭的，但是在国外，为了让悲剧更少地发生，会在很早就加强培养孩子们的安全和防范意识，而不是国内青少年性教育“犹抱琵琶半遮面”的状态。

然后我还是认为国内青春期孩子可能有一部分很极端，但是大部分还都是很和谐很纯真，大家都纯纯的、蠢蠢的，连拉个手都会脸红心跳（毕竟我还没和小哥哥拉过小手）。

现在我发现我错了。

咖啡套路

第一课是一个比我大的哥哥给我上的。我们两个聊天时就挑了一个两个人都比较有兴趣的话题——男生如何泡妹子。他给我讲了一个固定公式，我把这个公式或者说是套路命名为“咖啡套路。”

咖啡套路就是他所说的：“男生约女生出来，先去某知名连锁品牌咖啡店吃几块小蛋糕喝几杯咖啡，然后去看个电影，看完电影后就把女生拉到酒吧、直接灌醉。”

我幼稚地问：“然后呢？”

“灌醉之后干什么大概我就不用再详细叙述了，你也明白。”

是啊，男孩子们也许都明白，但我想第一次被约出来的女孩子、还没有过被异性追的女孩子、还单纯懵懂的女孩子，没有一个明白的。

天真的女孩子们，你们自以为浪漫美好的约会也许就是一个充满了甜品、巧克力、玫瑰，被披上了一层看似华美可爱的粉色锦衣的“陷阱”。

这个“咖啡套路”我那时候还不是很明白，也没有详细问，之后他点了烟，就讲了一些在他身边发生的事情。

主人公有两个，都是女生。

第一位主人公是一位家庭条件很好的女生，双亲不管，亲戚抚养，生活费之类的费用也都是她亲戚管。

“这位女生可以说是非常的‘无所谓’了。她曾经在学校中午休息时间和一个男生把前后门一锁，在教室里干一些羞羞的事情，被一些同学看到了。看到了也无所谓，甚至还和他们调笑几句。这位女生也曾经在深夜被一位男生打电话直接叫出来，当这位女生到达男生所在的地方时，还非常自觉地买了一盒安全套。”

“啊？！”我惊叫了出来。

是谁给她上的性教育课程呢？妈妈的性教育课程我听了近十年，我这种听了这么多次课程的孩子也被她此刻的老辣镇定惊倒了。我无法猜想，她是遭遇了什么才让她能够有意识保护自己不怀孕？

“上去干了什么大概也不用我多说了。更厉害的是，这位男生和他的同学们一个宿舍，在他们做事情的时候还非常尴尬地被人撞见，但是三方都非常淡定，也只是调侃了几句，什么尴尬的事情都没有发生。”

“哈？”我已经语无伦次了。

她可能是在报复父母吧，也许她的心已经死了。我曾经看到过一句话：有些人在25岁就死了，可是他们75岁才入土。可能这个女孩体会了比这句话更加提前的人生。这究竟是谁导致的呢？我不愿去细想。

周虹老师经常说：“父母不管不问的孩子命不好。”

没有谁最初就可以如此生活，可又是谁把她推到了这个悬崖边的呢。

这位哥哥看着我这个“井底之蛙”，应该是动了恻隐之心，继续用他的低沉的嗓音，在反复的吞云吐雾中为我缓缓地道出其他的故事。

“我们学校还有一位长得比较漂亮的女生，这位女生是那种只要你给她买东西，其他什么事情都可以做的人。全校找她释放生理需求的家里有些底子的男生不在少数，都是带她去商场刷卡，然后就可以留她一晚。”

我已经石化了。

我 :“是双方都愿意的吗？”

“我认为这种都是双方各取所需、双方得益的。男生想要什么？性。女生想要什么？物质。为什么想要物质？虚荣心。女生之间攀比非常厉害，为了买个名牌不惜花费一切代价，但是父母又不愿意满足孩子这些‘奢侈’的‘无理取闹’的要求，只能向男生要。男生一给，心花怒放，便能把自己的一切奉献上去，奉献惯了，就是上述的情景了。”他轻描淡写地总结着。

听他讲述这些东西，我突然想起我知道的另一极小部分的群体也在做相同的事情——极少极少部分的 cosplayer（角色扮演职业从事者，与动漫群体相关），他们大部分都是未成年人。他们把这类行为称作“援助交际”,出来陪人喝个小酒、吃个小菜、拉拉小手、亲亲小嘴、上上小床的，赚个零花钱什么的，双方各取所需，“双赢”。

我却隐隐知道这些孩子们的来龙去脉，但是我一句话也说不出。

这天晚上我的内心可以说是非常震惊的，这位哥哥的一番话简直把我之前所有的假想打碎。然后，他语重心长地跟我说 :“所以现在国内的男生也是这样。你可以谈谈男朋友，练练手，以防以后和男生有代沟。但是，18 岁之前千万不要碰有关‘马赛克’的这些东西。”

我尴尬地笑着说：“我觉得我在 18 岁之前谈男朋友就很难了，你太看得起我了。”

我又问他，一共有过多少个女朋友？他蛮沧桑，说：“没印象了，最长的谈了半年。”

我感觉我的下巴都要掉了。

电影套路

在第二天，有幸对第二个和我同龄的男生继续进行关于青春期话题的采访，我俩比较熟，所以就详细地问了问关于“咖啡套路”的事情,因为我非常不解。我本来以为他不知道，结果他知道，还知道得非常详尽。

我问：“为啥要把女生带去喝咖啡？看个电影后就能带去酒吧了？女生都不矜持一下？就算是欲擒故纵也没有小抵抗一下？”

对方非常详细地解释了：“带去喝咖啡是因为一次的消费就上百，把女生带去某知名连锁咖啡店是向女生展示自己的经济条件还是不错的，先增加一些好感度。对于之后的带去看电影，有些男生还在之前加了个步骤——比如去某一个彩妆大牌柜台买个爆款口红什么的，好感度噌噌噌地往上长呀。然后就是带去看电影了——我觉得这一段的好感应该是加得最高了。看电影的重点当然不是看电影啦！而是‘泡妹子’啦！在这一场电影之间发生什么都是可能的，拉个小手，抱抱啊，亲亲小嘴，好感唰唰唰地往上长。”

电影会“哭”的，你们来电影院原来只是为了调情而不是看电影。

对于电影这一个步骤我表示了极大的疑问：“女生全都接受？不会有反抗什么的？”

帅哥：“不会。如果加上了买口红，百分百成功。”

我无语了。

悬挂在漆黑夜空中的明月究竟见证过多少青春期少年在电影院把一整个程序“经验”了，又有多少孩子被“经验”之后悔之晚矣，哑巴吃黄连有苦说不出？又有多少孩子是你情我愿，而并不是在气氛的推动下半推半就的？

“她们是不是这样想的——毕竟，还有人约我，给我买东西，陪我看电影、吃东西，还夸我漂亮。平日，没有人这样对我，我渴望的终于拥有了。所以，我也愿意付出些什么，或者我必须付出些什么？”我说不下去了。

对方频频点头：“你分析得对。最后的步骤就是男孩子可以观察女孩子的态度选择是去酒吧灌醉还是直接干正事，看个人进度了。”

我提出了个疑问:“酒吧放未成年人进去真的没问题吗？”

他说：“连锁的大品牌是有问题，但是那种小酒吧一般是八个人四个要身份证，女生不算。酒吧还很鼓励女生去，三个女生一个男生那种甚至还会送酒。”

我提出了最后一个疑问:“啊？女生为什么这么受优待？”

当我正开始为女权崛起而振奋的时候，他直接丢给了我一个问题:“男生去酒吧,是为了干啥？喝酒和‘泡妹子’嘛。”

他还说：“从你第一个问题开始我都觉得你傻了，原来还真这么傻。”

幸亏我傻。

然后我问他：“可是这套路对我就行不通啊。”

“你是个例外。”他点点头。

对啊，不可能啊。

要是有男生说：“晚上我们出去吧？”

——别开玩笑。我们家的不成文的家规：太阳落山必须回家。这一条几乎规避所有风险。

要是有男生说：“我们去喝咖啡吧？”

——我肯定很懵，也没什么事，喝什么咖啡？而且我也不喜欢喝咖啡，太苦。

要是有男生说：“带你去买口红？”

——我肯定不会要，因为我自己又不是买不起（父母在零花钱的自我支配方面还是很由着我的）。而且从小男生平白无故给我送东西，除了关系特别“铁”的我收了，过一段时间也肯定是要给人家回一个价值相当的礼物的，毕竟白拿还是不道德。

要是男生说：“我们去酒吧吧？”

——我根本没兴趣。吵死了，环境还乱，真的是败兴致。

恍惚间对妈妈的富养女儿的方式顶礼膜拜。她这样的家长才是老谋深算、手段老辣。这些“小江湖”的套路遭遇她这种“老江湖”的套路纷纷露出原形无功而返。

其实，这次与几个男生的“约会”也是妈妈安排的：“你在澳大利亚念的是女子学校，缺乏男性力量，回来见几个男生吧，不管怎么样还是要接触接触男性的阳刚之力的。”她一脸真诚让我无法拒绝。没有男朋友的我其实在秀恩爱的朋友圈也是很没有面子啊。

于是，那几天我单独约见了四位不同凡响的男生，长了大见识，又中了她的“招”。这次采访收获之大是她也没有想到的啊。

今天，好不容易遇到一个推心置腹的“小江湖”，我还问了他一个我一直想不通的问题：“为什么在一次聚会上我感觉一个长得没有我好看（我超自恋）的同学更受男生欢迎？”

我详细地描述了一下当时的情境，当讲到我的着装时，他说："活该没有男生找你，穿的跟灭绝师太似的。"我当天穿一身大黑褂子，他说那种场合肯定是穿得越清凉越好。

我低头看了看今早还被我妈说短到膝盖以上 3 厘米的裙子，表示无话可说。

他又接着说："那些靠裸露身体来博取关注的女生其实都很自卑，因为她们平时没人关注，而且除了身体她们没办法再靠其他的东西来博取关注了。"

听到这里挺佩服他的，与周虹老师说的一样，真不愧是周虹老师赞叹的男生。周老师预见这个男生将来在婚姻里是靠谱顾家的男生，因为他的爸爸就是这样的人。此刻，我感觉周老师说的有道理，有经历的他更明白将来与什么样的女孩子为伴。

走之前又问了他："谈了多少女朋友？最长多长时间？"

他说："不记得了，最长两个多月。"说着惆怅地拿起一根烟，神情沧桑得宛如看破了世间红尘，遥望着远方的净土。

我对这两位披着"少年皮"的大老爷们儿肃然起敬。

女生套路

接下来几天我又采访了最后一个男生，聊了聊，内心顿时受到了治愈。他和前面两位一样，也知道"咖啡套路"，非常了解，而且混的圈子好像稍微大了一些。一开始见他的时候，觉得他也是那种玩得很开的男生，因为他的穿着用某位阿姨的话就是非常“骚包”，很注重自己的形象。

他给我讲了一些关于我之前的学校的事情：“在你之后的一届还是很乱的。有一位扛把子，天天收保护费的那种扛把子。我认识那个扛把子，之前还聊过天，他说学校里除了他们哥儿几个，其他的都是废物。”

能说出这话的人，是个人物。

这位男生看起来还是比较受女生喜欢的，我就问他：“女生追男生有没有什么套路？”

他说：“有，女生一般就是采取那种‘死缠烂打’的方式，每天‘早安、午安、晚安’的信息定时发送，以及送水、尖叫、加 QQ 等正常套路。还有一种比较消极，就加个 QQ，聊聊，不合适就放弃。”

他也被很多女生这样追过。然后我想，他既然这么熟悉“咖啡套路”，那他应该像上面两位老油条一样久经情场吧。

我就问他：“你‘套路’过女生吗？”

他的答案让我大吃一惊：“没有。”

我这时的心情大概和本文开头的那个知道我不出去玩的男生心情一样，不可置信。

“啥？你没‘套路’过？”

他用无辜的眼神看着我：“真没有。”

“你这么了解也有资本，为什么不去尝试一下？”

“感觉……作孽啊。良心不安。”

他甚至被两个外校的根本没见过的女生追，如果他此时去套路一下肯定手到擒来，但是他没有选择去套路。

“酒吧呢？总会去过吧。”

“没有，我酒精过敏。”其实他还是能喝一点的。

“而且……做了就回不去了。”

眼里清澈的光芒闪闪发亮。

这一番谈话让我受到了极大的震惊，一瞬间我就知道了什么是自尊和自爱，什么是守住自己。我在自己身上体会不到，但是在这轮番的攻击之下，我震惊到半夜失眠，脑子里写大纲写到文思泉涌，然后爬起来开电脑写下了这篇文章。

听到他说的话，我想起了自己认识的很多父母的样子，他们有很高的自我价值感和社会价值感，对自己的形象很注重。他们的孩子与他们一样，了解这些东西，熟知这些东西，但是绝对不会去触碰这些东西，有一个叔叔跟我们说过这样一番话：“我小时候做事情就会想得很长远，会想如果我做了这件事情将来会对我有什么影响，所以我就会分析利弊，然后就养成了这样的习惯。”他的孩子和他一样，也是会想得很长远，而且会觉得这样做的话，还对不起自己。

前一段时间与妈妈的朋友吃饭时偶遇一位在戒毒所工作的警察叔叔，这位警察叔叔给我们讲了讲关于毒品的事情："我见过很多吸毒的人，现在吸毒者的低龄化越来越严重，18 岁以下的吸毒者人数激增。大多数青少年吸毒者开始吸毒的契机就是因为与同学或者朋友去酒吧或者歌厅，来场生日宴会，就会被身边的'好哥们'拉下水，而女孩子吸毒则有可能是被逼，但是更多的还是自己要求，都只因为觉得这样做很酷，或者想融入某个向往的团体才这么做。不过吸毒者的复吸率几乎是百分之百，没有成功戒毒的——也就是说，吸了就回不去了，你再也无法恢复到吸毒之前的状态了。"

就像他们说的一样，做过这些事情之后就再也回不去了，你以后就算再怎么粉饰过去，总还是会有人知道你的"黑历史"，了解你过去做过什么傻事，你都干了些什么可以让人戳着你的脊梁骨取笑你一辈子的事情。

作为人类，只要我们没有可以消除人记忆的功能，这些事情就将会伴随我们一辈子，直到入土为安。甚至到了入土为安，可能都会有人继续再把你生前的事情作为谈资笑料。

但是这能怪孩子们吗?

不能，他们之所以会做出这些事，还是因为家庭教育啊。如果父母爱孩子、关注孩子、成就孩子，还会有这些使人扼腕叹息的事情发生吗？想那些为了钱和物出卖自己身体的女孩，父母没有关注她们，忽视她们的需求。或者像那种只是为了发泄而发泄的女孩，父母没有真正爱过她们，从小把孩子交给别人，长大出现问题也一味责怪孩子，没有教过孩子何为高自尊、高自爱，如何去爱自己，去维护自己一辈子。

经常听妈妈在课堂上慷慨激昂地说家长："孩子是你生的，但是这并不意味着你已经完成了你的使命，他的命是你给的，你也要引导他走上正确的道路，并不是生下他就一了百了了，生下孩子，家长的路才刚刚开始，你所要经历的，和你孩子所要经历的人生的漫漫长路才刚刚开始。"

通过这次采访，我彻彻底底理解了妈妈在性教育课上经常说的一句话：人生没有橡皮擦。你做过了就是做过了，再也没有了重来的机会。我们不可能在长大以后把自己曾做过的事情涂改掉，它留在那，你永远也擦不掉。

我认为我是一个自尊自爱的人，我强大的自尊自爱甚至帮我自动屏蔽掉了任何接触这些事情的机会。我初中的那一届简直是一股清流，什么乌七八糟的事情都没有，学习气氛特别好，说起来最混日子的还应该是我。这些事我想都没敢想过，更别说接触了。但是估计就算有过这些事情我也会选择性地无视，因为我不想在人生中添下这么"浓墨重彩"的一笔，我要守住自己。

对于性，我从 6 岁开始就被妈妈打了预防针。从那个时候她便开始关注我的性教育，在我 8 岁的时候便跟着妈妈做性教育课的助理，还会在课上互动一些类似上文中所描述的情景。我从小就知道，性是美好的，但是它不应该在成年之前发生，因为我要对自己的人生负责任。

关于毒品，我相信所有的孩子和家长们都被科普过关于毒品的危害。当知道有这个东西的时候，我就知道，有些家庭的孩子一辈子都不碰它。就比如说我同学认识的有一个人，他人很好，同学很想和他多一些人际来往。但是当同学知道他喜欢一个吸毒的异性的时候，便减少了和他之间的往来。这是守己！

这些东西都是只要碰了，便再不会有回头之路，我不能为自己的危险事件发生率添加哪怕只有百分之一的可能。

努力把自己活好，为了未来更好，为自己的人生负责任。

我要守好我自己。

谁在我家做家务

你们家平时是谁做家务呢？

你们家谁做饭呢？

“周老师，看你的皮肤多好，看你的手嫩的，一看就知道你不干活！”经常听很多人这样评价妈妈。她开始还解释，后来索性以微笑回应了。

好多人都在疑惑，我们家平时是谁打扫卫生和做家务的？

今天我来回答大家这个疑问吧。

其实妈妈不会做家务的。

从我出生后，妈妈就做了一次法。只要我饿，就会刮来一阵风，即使我们家的门窗全部关掉也是这样。而且特别神奇，这阵风不仅可以喂饱我，也可以把家里吹得整整齐齐的。神奇吧！而且东南风是甜的，西北风是咸的。

我在骗你们。

其实妈妈是个炼药师，她在我出生之前就找到了两个药方子，一个叫作“辟谷丹”，一个叫作“避尘丹”。什么时候只要我饿了，她就从神奇口袋里掏出一粒辟谷丹给我，一粒管饱。而避尘丹则是长期使用的，只要放在家里，就会自动形成一个避尘阵，家里一粒灰尘也没有。好玩吧?

好吧我又在骗你们。

其实我和妈妈是从天上下凡的仙子，我们由于在天界看到了人间苦难，十分心疼，于是就请求玉帝特批我们下凡拯救人类于水火之中(请求特批的时候超级麻烦)，而我们是仙体所以自然不用吃饭做家务，心念稍微一动家里都整整齐齐的了。

是的你没猜错，我又在说胡话了。

大家应该都知道我们家有特别多的绿色植物，各种花啊、绿叶啊什么的。这是个天大的秘密，花是用来吃的，绿叶是打扫房间的。只要我们一饿，就随便扯下来一片花瓣，放嘴里嚼嚼就不饿了。个人觉得百合比玫瑰好吃。而那些绿叶们则会伸展开他们的枝叶，圈着抹布啊、拖把啊开始打扫卫生。

虽然我是在骗你们，但是想想好像还是有一些可能性的。

下面我说的话绝对是真的。

我们家请了个保姆，特别万能，什么都会。做饭好吃，家务还做得很好。洗衣、刷碗、给花草浇水、整理衣柜、擦地板……真的是什么都做得很好——而且还不要钱。

要不要我介绍给你们啊？

对了，这人你们也认识，特别巧，也姓周，你们平时好像都叫她周虹老师。

写这篇文章是因为多年来大家对周虹老师的评判——从来不干活，或者很少干活。

大部分的人第一眼看到周虹老师就会想——噫，她肯定是个“花瓶”，中看不中用。

其实，我们家从来没有请过保姆，近几年虽然请了一位家政阿姨每周一次来家里打扫卫生，但打理家里日常衣食住行当然就是我妈妈了。可是很多人都不相信，甚至很多人都判定我妈甚至不会做饭。那我是谁养大的啊？真以为我们不是人啊？

因为大家往往感觉漂亮的女性都是“花瓶”，不会做饭，不做家务，只会漂亮。我亲耳听到一个叔叔说：“你们这些爱打扮的女性都不是过日子的。”甚至有一些阿姨也这么想。

其实也不怪大家，因为妈妈是个干活不按照套路出牌的人。

举个例子，她做家务时一定会戴上手套，洗洗涮涮、拿粗糙的物品都要戴手套。去楼下接朋友们送的礼物竟然都是用小车拉，而且也会戴上手套，车里随时有一副手套，门口竹筐里永远有一副手套，衣帽间小摆台上有近十副搭配各种衣服的各种材质的手套。还有，家里每个洗手台上都有护手霜，你们难以想象每天她要抹几次护手霜。所以，她的手白白嫩嫩绝对不像干活人的手。

我因此采访了很多人家，百分之九十以上的阿姨根本不用手套，一句话——麻烦呗。我妈妈与手套的缘分比我的年龄长久，20 多年了。

刻板印象不可取，谁都觉得周虹老师是一个花瓶，其实她是一个讲究人。她爱自己，会给自己买手套，小心翼翼地避免自己变成黄脸婆，因为她爱美。人是可以在爱美的同时变得有用的。

妈妈的皮肤也是大家羡慕的，她最近几年也没有光顾美容院。我们家就是美容院，给皮肤补水妈妈每周变着花样，我见过她用鸡蛋黄、鸡蛋清、菜汁、牛奶、瓜皮、矿泉水、橄榄油,等等。她自己给面部刮痧,使用瑜伽术收紧全身肌肤，浑身上下一张皮，可紧致了。

我们家到处都是地垫，地板都可以坐、躺，到处都是她运动的场地。

像那些结了婚之后便成了面色蜡黄的“黄脸婆”的阿姨们，嘴上口口声声说着“是婚姻把我弄成这样的”，其实她们是可以避免变成黄脸婆的，只不过很多人太懒——或者说她们以“好看的女人都是不会干活的”来逃避没有善待自己的责任。

世界上没有丑女人，只有懒女人。

妈妈爱自己，爱到极致。

所以，我也会好好爱自己，将来也要成为一个光鲜靓丽的贤妻良母，成为一个别人眼中“不会干活”的有用的女性。

你呢？

你是一看就是经常干活的人呢，还是一看就不是会干活的人呢？

在沟通中成就孩子

家庭成员之间每次沟通的目的是什么？

父母与孩子说的每一句话是以成就孩子为目的还是其他的呢？

2017 年的六七月份，我从澳大利亚放寒假回国，恰逢虹汇开了为期三个月的沟通大课。而周虹老师开这个课的原因是因为我提供的小道消息，我在和一些家庭的孩子交流的过程中发现了一个非常普遍并且无人发觉的问题——家庭成员之中的沟通特别浅显。相比起来我和周虹老师平时的沟通模式，简直是天上地下。我真想问问一些家长："你们是不是在把自己的孩子当智障？"

没办法啊，现今大部分家庭之间的沟通模式都是泄愤，一些虹汇学员在心情不好的时候想起来周虹老师课堂上布置的作业，然后拿着鸡毛当令箭去和孩子论理，断章取义，最后演变成“黄金八点档”，开始一哭二闹三上吊。

孩子们不是智障，孩子们比你们精明。

我旁听了几节沟通大课，边听边把课程内容记录下来。

开场，周虹老师白板上书写——人的沟通分三个等级：

低能量——争吵、泄愤或者彼此挫败；

中能量——掌控、对抗或者彼此消耗；

高能量——共赢、悦纳或者彼此成就。

她问大家：“你在哪个层面？”

接下来每个人都要上台用三句话分享上周留的作业，大家坦言基本上都在低能量阶层沟通。

她说：“那么咱们来谈一谈为什么你们固定在低能量模式，如何升级为高能量沟通模式。”

第一个等级：泄愤。

你们都认为孩子还小，还什么都不懂，所以不会主动选择去和孩子沟通，就算沟通了也是一些非常浅显的话题，而通常你们主动选择去沟通的情况则更多是泄愤，特别是“泄”原生家庭、两性关系、社会关系等产生积累的“愤”。

让我来举个例子：上完课，回去打算做老师留的作业——去和孩子深度沟通。于是回家把孩子叫了出来，打算好好和孩子谈谈心。但是由于从孩子出生起你就没有好好和孩子说过话，向来只有命令，孩子当然不会因为你偶尔一次沟通而从此变得深邃起来。关键是,你的情绪都是什么状态?

然后两人相顾无言，你们能聊什么？顶多就是学习成绩和学校。

聊着聊着孩子就不耐烦了，你心想自己好声好气地和孩子聊天，孩子还不领情，哇，为什么周汶瑾就能和周虹老师无缝交流啊？为什么我的孩子这么没用啊？我好委屈啊。于是这个时候，点燃炸弹导火索的一句话就会出现：“我好声好气地和你说话你就这态度？！”

你完全没有想过我和周汶瑾深度沟通了多长时间，你才和孩子好好说话多久。

孩子一听:“好啊，我都给你脸面让你在这‘叨叨叨’了，你还怪我？！”

——“世界大战”一触即发。

这种就是单纯以泄愤为目的的沟通——或者根本谈不上沟通，而是一时兴起的“沟通绑架”。

第二个等级：以掌控为前提的沟通。

这个等级的沟通比上个等级好了不少，但是依旧是一言难尽。以掌控为前提的沟通的例子就是本书文章《为什么孩子不领情》的事例。家长给孩子买衣服从不尊重孩子的品位，只是自己出去求量不求质地买一堆，回来只想让孩子对她感激，显得自己很负责任一样。

你必须……

你过来……

你现在去……

你马上……

你应该……

你不能……

你不许……

你只能……

这个等级的沟通只是为了掌控或者证明自己是对的。

第三，最高等级的沟通——首先“听”懂对方的言下之意，以“看”见对方的需求为前提去“做”而成就对方。

接下来妈妈举的这个例子可好玩了。

这一次期中考试，我数学不知道为什么考得特别好。一共考了六门，最后数学的成绩竟然比心理学还要好，是全班第一。我之前数学可是差到连老师都快放弃我了，这一次考了 90 多分可真是一项了不得的成就，这对于以前数学最窝心的我简直算得上是神话啊！

刚好我们学校有一项关于未来职业的测试也出结果了，结果与我和周虹老师多年的推测完全相同，于是我就把数学卷子和这个测评一起拿了回去。当天晚上，妈妈看了我的卷子说了一句话，我内心一震又故作冷静：

“真的吗？你真的要……”

她到底说了什么呢？

于是，课堂上妈妈把我那全英文的数学卷子传递给大家看，同时给众阿姨提了两个问题，让大家看见自己的水平。

首先是：“周汶瑾为什么要把卷子带回来？”

阿姨 A：“为了让你夸夸她。”

周虹老师：“她不带回来也能夸。”

阿姨 B：“为了让你确认一下。”

周虹老师：“你能说出来这句话就很邪恶啊……”

讨论了 5 分钟，最后周虹老师下了一个结论：“你们没有一个人懂得周汶瑾的言下之意，先饶了你们吧。”

她接着说：“请回答第二个问题，我看了周汶瑾的卷子后只说了一句话，你们猜猜，我说了什么。”

阿姨甲：“哇，你竟然考到了全班第一！”

周虹老师：“这个早就说了啊……”

阿姨乙：“哇，你真棒！”

周虹老师：“……你自己不羞吗？在虹汇都学习一年了还停留在初级的水平？”

阿姨丙：“嗯……你会更棒的！”

周虹老师：“……”

周虹老师："看来你们真的是傻到'听不懂''看不见'。我都把答案'做'到你们眼前了你们还是不知道！"

周虹老师揭晓了答案。

她说："我对周同学说——'我明天要把卷子带去虹汇课堂'。"

大家都傻了。

是啊，周老师把卷子都拿给大家看了，她们都没有"看见"啊。

我在旁边"幸灾乐祸、喜闻乐见"，妈妈轻而易举做到的事情原来对于其他人是这么困难、艰巨的任务。

周虹老师开始讲解个中奥妙："沟通是为了成就，是我自己一个人夸她好，还是虹汇这么多人一起夸她好？'懂'对方言下之意的前提是有一颗成就孩子的心。你们没有这颗心啊。"

阿姨们恍然大悟："哦……"

这个故事把大家折磨得好辛苦，现场太精彩，我却不能完全描述。

周虹老师说："沟通中最重要的是'听'，听懂了，然后才是看、说、答、问、做。一味自说自话，每一次沟通都是失败无用的……"

妈妈真懂我，我把卷子和测评结果带回来的言下之意如同周虹老师所说——想让大家夸夸我。而周虹老师深知我的弦外之音，“听”出我的言下之意，为了成就我，就把我的卷子带到虹汇让大家欣赏，大家看着全英文的数学卷子目瞪口呆，好好地满足了我的“虚荣心”。

妈妈这是最高级的成就模式，无须多言，她做得出神入化。

就像周虹老师说的，我是个俗人，我的确是个俗人，俗得一旦成绩上去就不想下来了，特别是她弄这一出，我回澳大利亚去更要好好学习。

从小到大，我就像中了妈妈的成就之“道”，身不由己成了“别人家的孩子”。

沟通大课中的互动也让我彻底明白了我和妈妈平日是怎样轻而易举做到良好沟通的。

首先，我们两个潜意识中明确每一次沟通的目的是什么——是为了我和她达成共识、双赢、彼此成就。每一次沟通的成功，来自平时我们最常用的两个要素——语言和非语言要素。

语言要素就是我们如何说，非语言要素就是肢体动作、面部表情和衣着打扮。

我曾经观察过很多家庭，父母与孩子就没有办法沟通。就像在沟通课程上听大家反省时所说——第一，沟通没有目的，只是单纯的泄愤或者证明自己是对的；第二，阿姨们沟通时的面部表情是——一脸“死相”。

周虹老师说：“第一，你们沟通时的习性很容易让语言变得单调并且带有攻击性，这会使沟通严重受阻。第二，你们对于沟通的第二要素太过无知和匮乏。都看过自己的视频作业了吧？”

大家唉声叹气的：“看过了。”

“都说说自己是什么样子？”

“才知道自己平日邋邋遢遢的，看过视频后我扔了好多衣服。”一位高高瘦瘦的阿姨说。

“肢体僵硬、语气冰冷和一脸‘死相’，我都有。”这一位阿姨的表情此刻也是死气沉沉的，我看着她都能想象出她平时和家人、孩子沟通时困难重重的样子。

“所以要成为一个会沟通的人，首先去运用积极的话语，把自己的外表、面部表情和肢体语言尽量做到生动鲜活，这样，沟通就先成功了一半。今天，我们课堂上的练习是清理沟通习性障碍。找好搭档，开始练习。”周虹老师说。

周虹老师：“闭上眼睛，回到自我。我们今天与内在忧伤小孩和解。”

阿姨们找好自己的搭档准备开始互动。

周虹老师：“在互动之前，一定要好好确定一下自己沟通的障碍究竟在哪里，写在本子上，确立目标，掌握明确的事件信息，你不是不会沟通，而是幼年时沟通不足或者幼年沟通体验的挫败感……”

课堂上静悄悄，大家回望原生家庭沟通的伤痛事件，阿姨们写着写着已经开始哭了。我理解他们，毕竟有些父母不会给孩子好脸色，她们的父母那一代人生存压力更大，把自己孩子当成人来尊重和沟通的不多。

周虹老师动了恻隐之心：“可以哭，你们是安全的。越痛苦，越要下决心摒弃这些沟通的不良习性，以后不伤害我们的伴侣与孩子了。”

我看着她们去意已决，向着新的沟通模式进发。一个阿姨对搭档说：“我才清楚我们和亲人沟通不是为了攻击，而是示好、接纳对方，达成共识，从而让事情能够继续下去，我这几十年白活了。”

不知道这个活动施了什么魔法，我发现她们的表情、肢体很快鲜活起来了。

周虹老师：“刚才我们说了沟通的重要元素同样还有听、说、看、问、答、做，我们首先要听懂对方的言下之意，才能选择用何种办法成就对方，从而达成共识、彼此成就。其实最重要的就是在沟通前,你要确定自己是否站在对方的‘立场’上，接下来就是成就或者挫败。”

“我们心里是想着成就啊。”大家信誓旦旦地说。

“不一定吧！”周虹老师一脸坏笑。

我知道，妈妈又要给阿姨们做大“手术”了。

“如果想检测自己沟通中是否想成就对方，今天有一个非常具体的事例可以完美地把你们的真实人性体现出来，你们沟通的目的从来就不是真的成就对方，你们从来就不是！”周虹老师开始挑衅。

阿姨们面面相觑，不服气！

“我知道你们不服气，每次课程几十个人都被我撂倒了，今天要不要再试试？”妈妈开始下饵了。

“要，要，再撂倒也要。我们不怕死。”

我在旁边看热闹不嫌事儿大。

周虹老师对阿姨们说：“你们看看我上周五晚上的朋友圈。”

阿姨们纷纷掏出手机，看到了一则这样的朋友圈——

人生八苦：

生，老，病，死，

爱别离，怨长久，求不得，放不下。

能放得下，即可离苦得乐！

祝福放得下的我爱的人们。

下面配了四张饭局的图。

然后周虹老师就向大家提了一个问题："你们觉得我请了谁，又是为什么请他们呢？"

阿姨A："虹汇收费电台的工作人员。"

周虹老师："嗯，对。那么为什么要请他们呢？"

阿姨B："鼓励她们好好工作。"

阿姨C："激励她们，让她们在最后关头加把劲。"

阿姨D："为了庆祝即将上线的收费项目。"

妈妈一直摇头。

阿姨E："我看里面几乎都是'眼色组'的人，听说最近眼色组出了什么问题，是不是因为这件事？"

周虹老师眉头一挑，说："哦？是因为什么？"

阿姨们："肯定是要多鼓励鼓励她们！"

周虹老师坦言："并不是。"

这时候有一个阿姨突然提出："会不会是散伙饭？"

周虹老师好像发现新大陆，眉毛又一挑走了过去："哦？我那天请她们吃的是海参、鲍鱼、雪蛤，喝的是最好的红酒啊。"

这位阿姨的内心一定受到了极大的动摇，想了又想："那肯定就不是了。"

"为什么？"妈妈追问。

阿姨说：“不可能请工作不好的人吃这么贵重的美食。”

“也就是说只有工作表现好才配吃这顿饭？”我能够听出妈妈口气中明显透露出失望。

“是的，工作不好不可能还请她们吃大餐。”阿姨已经笃定。

妈妈叹了一口气走向教室的另一端，我知道她多么想听到另一种答案。

半个小时过去了，妈妈再次提醒大家去微信文字中寻找答案，再次无解。阿姨们几十个脑袋想不出有其他的解释。

周虹老师最终揭晓答案：“你们又一次遇见未知的自己！我明确告诉大家，你们每个人都没有成就他人的心！这顿其实就是散伙饭。是为了‘虹汇电台’‘眼色’项目组成员勇敢散伙，‘放下’‘眼色’项目。我的文字已经说了‘苦’，明示为‘苦’而来，祝福‘放得下’的我爱的人们。”

大家被震惊了。很多阿姨低头重新去看这些文字——

人生八苦：

生，老，病，死，

爱别离，怨长久，求不得，放不下。

能放得下，即可离苦得乐！

祝福放得下的我爱的人们。

这次大家都看懂了，边看边懊悔不已：多么清晰啊，我们为何就看不懂呢？

周虹老师显然有些激动了："因为你们没有成就别人的程序！没有站在别人'立场'的程序！"

教室里鸦雀无声。

妈妈缓缓踱着步："你们的起心动念唯有挫败情结，好吃的、好喝的只能给努力的、勤勉的、干了事的人。在你们心目中，干得不好的人就不配吃好东西。在我的世界里，无论你们成功还是失败，我都爱你们！不能因为一次工作不顺利就否定你们的所有，无论怎样你们都尽力了，放下自己不擅长的，去做自己优势部分的工作就好了。在老师心目中，没有对错、好坏，唯有接纳和爱！所以，我会请'没有做好'工作的眼色组所有人吃大餐，她们值得、配得！"

此刻，每个人再一次了解了面前这个女人——周虹老师！

妈妈回望了我一眼，又在阿姨们的心口来了一刀："也许此刻，你们可以理解周同学的日子了，与你们孩子的日子差别大了去了。"有几个阿姨眼泪跟开了闸的水龙头一样哗哗地流个不停——内心太惭愧啊。

"周同学背后永远有支撑，做的对妈妈爱，做的不对妈妈也爱，妈妈的爱没有条件。你们的爱太狭隘了，杂质太多了。"

妈妈的功夫真是了不得啊，不费吹灰之力，在潜意识中，一个人又撂倒了全场所有人。

“何为成就彼此？首先，我们双方这几天达成了共识，现今‘眼色’项目组放下，让更擅长的团队接手，可能是‘亲子’组，也可能是‘财富与两性’组。这样决策不影响收费电台节目整体上市的节奏。双方都同意，没有纠缠，大家都开开心心地接受，双赢。其次，如同人生八苦所说，放不下为一苦，这次聚餐是为了放下而庆祝。放下就不会再有罪恶感，让她们尽早放下也是因为爱，放下了，其他组接手就可以实现双赢。”

大家认真地听着，唯恐错漏一句话。

“请吃大餐，是感恩眼色组，这个项目的原负责人由于着急上火急出了一身疹子，晚上睡觉都感觉不对劲。过去她为虹汇付出了很多，不可以因此否定她、抛弃她、嫌弃她，我爱她啊。让她转身去做擅长的工作，皆大欢喜，三方共赢。”

妈妈永远想着成就对方啊。

“无论你们做到还是没做到，我都与你们一个立场，我永远爱你们！”

现场几个“眼色”组的成员低头擦拭着泪水，她们被爱滋养，大家被爱滋养……

“今天的作业是回望一下过去——你有立场吗？你是否与伴侣、与孩子一个立场？”

就像妈妈说的，我们家的沟通都是为了我赢，我赢其实就是我和父母都赢。

去年开始想学大提琴，妈妈同意了，给我交了不菲的学费。学了一年后，我发现自己实在不是学大提琴的料，就跟妈妈说我学不下去了，太难了。妈妈没有任何责怪，只是接受然后安慰。

这对于我们来说也是双赢。

首先省下了一大笔的不必要的花费，也让我可以继续学我擅长的钢琴，这对于我们而言就是双赢。

其实正是因为妈妈的爱和接纳，她的周围聚集了很多无怨无悔、精诚团结的伙伴，我是其中最靠谱的一个。

很多人爱妈妈，拥戴妈妈，这就是原因吧。

那一天，我收获很大，我知道了放下也是为了赢，也是为了爱。

人生八苦中，生、老、病、死我们无法拒绝，但是爱别离、怨长久、求不得、放不下，我们却是可以用“放下”来避免的。

对于家庭来说，放下爱的“条件”即是成就家人的功德。

沟通时你是为了成就孩子吗？

沟通时你总是站在孩子的立场吗？

我们家的性别歧视

当初你们家人在产房外听说生了男孩、女孩是什么反应?

你家有没有性别歧视呢?

听妈妈说，我出生的那天，由于上级领导来视察，医院里就只有我这一个手术。

顶尖产科医生在等着我这一个宝宝的降临。

外面是我“素未谋面”的爸爸、姥姥、姥爷、舅舅、舅妈和表哥们。

听着怪隆重的，为啥不再来个天降异象，比如七彩祥云、紫气东来或者天上有块儿云长得像菩萨之类的——这样多带感?

基于我妈妈已经不再是青春飞扬的年龄，我是剖腹产生出来的，健健康康。也许对于护士们和医生们唯一的遗憾就是没“带把儿”。

于是护士姐姐并不是很有底气地出去对我的家人们宣布了这个消息——她觉得他们会不怎么开心。

“生了，是个女孩儿！”

“哇，真的是个女孩儿啊！”“太好了，总算有个女孩儿了！”全家喜大普奔欢呼雀跃——“啊！是个女孩儿！哈哈哈哈哈哈！”

护士姐姐懵了，退回来默默地跟主刀医生说：“这家人啊，有点神经。”

是啊，与她平时遇见的人家太不一样了。

为什么家里人都想有个女孩儿呢？可能因为我父母的家庭男孩儿太多了，所以我这个女孩儿倒是得到了更多的关注，想想真是好爽啊。

不过我妈妈跟我说，她第一眼见我啊，就感觉，我怎么这么丑，皮肤皱巴巴的，脸上的五官跟糊成了一团儿似的，还在哭。然而过了半个小时，我就变好看了。

妈妈说：“我从没见过像你这么好看的婴儿。皮肤粉粉嫩嫩的，半透明，直接生吃就行，当初就想直接掰开蘸酱油芥末吃掉。”

我现在想起这事儿就后怕。

我是个女孩儿，我自豪，我自立……
桃子　绘

爸爸看到我的第一句话就是："绝世美女。"十几年来，我始终如一按照爸爸定的方位方向在生长，是不是绝世美女，大概吧其实吧，爸爸说是就是，你们说是就是，你们说不是也是。

哥哥们在妈妈的豪华病房奔跑戏耍被大人劝回家了，没有关系，反正我知道了你们都很喜欢我。自从我出生，家里最重要的孩子就是我了。

对不起哥哥们，谁让我是个女孩儿？哈哈哈……

所以打从娘胎里出来，我就只有身为女孩儿的自信。我拥有着所有人的爱与期待，我以女性的性别站在这天地间无所畏惧，我自豪，我骄傲，我自立，我沉稳，我宠辱不惊。我不会对自己的性别有着任何的期待，我不会把自己活成男生，我不会承担着亲戚长辈们的叹息——我没有压力，我也没有子宫期待，更不会有妈妈在我耳边念叨："要是你是个男孩儿就好了。"

我站在这里无愧于天地、无愧于祖辈、无愧于父母。

这就是我们家的性别歧视——不重男轻女，我们特立独行，重女轻男。

投胎是个技术活，几个哥哥哭晕在厕所。

我的"国民闺女"的一生，从这一刻展开。

自从我花费了十几年了解了我的两个族群、我的父母，我知道无论我是男孩还是女孩，他们都会如此爱我、疼我、成就我，我庆幸自己来自这样的家庭。是男孩我会被培养成白马王子，是女孩我会被培养成国民闺女。谁投胎来，都是一样的！

你与我一样被接受吗？

我的金钱观

你爱钱吗?

你敢光明正大地说你爱钱吗?

某天在浏览社交网站时，看到了一句有意思的话："你身上最不能碰的是什么？就是一碰就生气跳脚炸毛的那种。"对于我这样一个半年都不发一条动态的犹如已经消失的人来说，我依然想了想然后转发带文字："钱与肉，吃的肉。"

这就是我对金钱的态度，钱在我心中的排名是第一位。

我之前的微信头像是由周虹老师亲笔书写的"周汶瑾是见钱眼开"。这个头像来源于一个事件。

有一天我自认为表现得很好，就和周虹老师分享。周虹老师一开心，手一挥："那今天给你发点钱吧。"我一听，开心极了，连忙问她多少钱、什么时候给、发到哪里？周虹老师听着电话那头的我的兴高采烈的声音，沉默了一会儿，说：“我最近没听过你对其他事物这么真心实意、从内心发出的满意与喜悦。”然后假模假样地叹了一口气，就送给我这样一幅字。

我知道她是偷着乐呢。

我们家是一不留神就拿钱成事，我对钱，从来没有说过“不”。

之前和妈妈一起与她朋友吃饭，吃到最后，周虹老师说我今天有进步就要给我发钱，我听到后立马兴高采烈地手舞足蹈。妈妈的朋友就在旁边看着，说：“哇，小周，我从没见过你这么开心的样子呢。”我妈一脸得意扬扬的表情。

从小我就是个奇葩。我的语文老师天天教我们追随古代诗人的清高，经常对我们说的是：“钱财乃身外之物，带不到坟墓里……”但是我在座位上回应她：“带不到坟墓里我可以给自己修个更好看的坟头啊，到时候我一定会让我的坟墓艳压群芳。”

老师又说：“钱买不了清高气质和铮铮骨气……”

我说：“是买不来，但是我有了钱可以阅万卷书、行万里路，来打造我不食人间烟火的清雅气质啊。”

老师说：“钱买不了幸福健康、家庭和睦……”

我说：“同意，经常听我妈在课堂上说——你们花多少

从小我就把自己归属在富人的行列中
桃子　绘

钱也买不来 2 斤幸福或者 10 年健康，道是无价的。但是有钱的家庭更愿意学习，肯定比没有钱的家庭更好啊！”

放学路上我边走边自言自语 :“为什么要视金钱如粪土呢？钱听到了该多伤心啊？钱多好啊！”

看，我多爱钱啊。

有了钱，我就可以去尽情地享受生活 ；就可以去世界各地观光游览 ；就可以不带忧虑与担忧地买我喜欢的衣服和小皮鞋 ；就可以把自己养得更好看……

有钱多好啊。

老师一般收入都不高，我知道原因了。

家长朋友们，为什么你们很多人都不愿意承认钱对自己带来的好处、喜悦与安逸呢？你花钱的时候，是开心，还是懊恼与心疼？在我们家花钱的时候都会感觉特别爽，我妈刷卡时总是眉飞色舞感谢金钱，让金钱感受到它为我们的生命产生的价值。我甚至听妈妈说，我们家的钱是长得最美的那一族。你刷卡时是什么样？

孩子们，钱都为你带来了什么？你拿着钱，是开心，还是莫名而来的怒火？在我这里只有喜乐。当你想起钱的时候，是感到由衷的开心，还是心生蔑视与不屑？在我这里，唯有亲密爱意！

无论父母怎样，我们将来是要做富人的。金钱，你到底是怎么想它的？反正我视金钱为生死之交、心灵伴侣。

如果你边视金钱为粪土，又边暗暗渴望着它们能聚集在你的身边，又是凭什么呢？

你连爱它希望得到它都不敢大大方方地说出来，还在想什么天马行空的事呢？

今年我 15 岁，我的金钱观皆来自家庭，爸爸妈妈都爱钱。爸爸是金融才子，说起金钱津津乐道，他应该是最单纯爱着金钱的人了。

从小妈妈就经常对我说："永远不要说钱的坏话，金钱是万物之灵，爱它就要赞美它，勇敢地、义无反顾地去表达你对金钱的爱。"

所以，我是有钱人，从小就是。

你，敢说你爱着金钱吗？

孩子怎样赚钱

你喜欢赚钱吗?

你喜欢花钱吗?

你对钱是什么态度呢?

我特别有钱，我喜欢赚钱、喜欢数钱、喜欢看钱，但其实最喜欢的是花钱。

我可以从身边所有地方看到钱，我从小就开始赚钱，开始发现身边的赚钱机会，寻找着身边的金子。

最小的时候，我是通过做家务活赚钱。

我其实是个树懒，行动缓慢，不是很喜欢干活。但彼时我一周零花钱只有五块钱，像我这种酷爱吃零食的小屁孩儿，一周五块怎么可能够。这个时候周虹老师就露着洁白的牙齿阴森森地笑着说："你给我干活，我给你钱。"

摆个一周鞋柜儿，三块钱。于是我的零花钱固定到了一周八块。

这个时候我才 3 岁。也就是说，在我说话可能都说不清楚的时候，我就开始追求大部分人一辈子都追求的东西了，我从 3 岁就开始挣钱，3 岁就开始财迷，3 岁就开始干活。

3 岁看老，也就是说我老的时候——肯定能达到在钞票里游泳的醉生梦死、不思进取、穷得只剩下钱的程度吧？哈哈。

接下来，随着我年龄的增长，能干的活渐渐多了起来：整理书柜、擦桌子、挂衣服、练琴、自己配衣服，甚至在前一天晚上把自己明天要穿的衣服准备好都能挣到钱。

有时候妈妈会奖励我一些其他的东西，比如我曾经有一周起床不用人叫，妈妈就奖励了我一个毛绒熊，现在这种毛绒玩具还是我的心头爱。有时候她还会奖励一些小蛋糕啊、衣服什么的。

周虹老师从来不是个唠唠叨叨的人，她总是看透你的需求然后直接给你想要的，简单纯粹。从小到大，她没有给我讲过“假大空”的所谓大道理，对于我所有的行为引导，人家有一招撒手锏——奖励。

奖励的作用果然让我中招，着了周虹老师的道。如同每天按时起床，果真以后无论幼儿园还是学校都是自己起床了——不用叫。你千万别弄个好孩子的标签给我，其实，我是习惯了。

到了 6 岁，我开始给妈妈当助教赚钱。当时有一个去鄂尔多斯的夏令营，我就去当“托儿”赚钱。那时有个“吞火”的活动，我是整个夏令营里面最小的“学员”，只要我一吞，当然所有人就理所当然跟着吞了。

你问我害怕不害怕——当然害怕！

可是只要把面前这个张牙舞爪的火棍往嘴里一塞，把嘴巴闭上停个几秒钟，就有 10 块钱进账啊！这可是我一周保底零花钱的两倍啊！所以我当初吞火吞得视死如归并且毫不犹豫。

但是据周虹老师说，我当初尝试吞火时面不改色，拿起火棍就放进嘴里了。几个助教老师本来准备着长篇大论劝我，我竟然没有给人家机会发挥一下。但是把火棍放进去后，再拿出来的时候还是燃着的！把他们吓得半死，以为我一直在被火烧着。我再一次把火棍放进嘴里闭嘴再拿出来，火灭了。大家看我的眼神我能回味个三天三夜。

第二天，我沉静地第一个上台吞火。果然，看我一个小女屁孩儿吞火都没事，台下的小哥哥小姐姐们争先恐后地开始挑战。钱，自然到手，而且是大钱，很多老师也奖励我了。

又过了两年，我开始贪心了，这点钱已经满足不了我了。

我把我的目光投向了一个看起来似乎能高效赚钱的工作——假期，做周氏专家团队的助理。

当时周正教授和妈妈飞到全国各地讲课，我给周虹老师商量下，一天 20 块钱，一张照片两块钱。整个暑假多少钱？不敢想象啊。

但是周虹老师面露难色："周教授那里怎么办？"

我说："没事，我自己的事，我来说！"

于是就在某一次家宴的时候，我首先得知了周教授的儿子，我的帅哥哥乐乐刚从广州回来，那时哥哥喜欢吃辣的，我那天就点了一堆辣菜，让他回味一下家乡的滋味。哥哥吃得直呼过瘾，周教授一个劲夸我菜点的好。

酒过三巡菜过五味，大家都晕晕乎乎的，我看时机已到，就开始谈判了。

"周教授，我前几天去郑州电台做节目，我说的都是您的理论！像您说的零花钱管理和契约管理理论，我都在节目里说出来了！"

"是吗？哈哈哈哈哈哈……"

在周教授开心的时候，我冷不丁地抛出来一句话："教授，今年华商夏令营我可以和你们一起去吗？"

周教授笑着看着我。

得到鼓励，我勇气十足："我不需要照顾，我可以给你们当助理，帮你们找东西啊吩咐人啊拍照片什么的，都可以做！”

周教授笑着擦手。

“求求您了！”

“时间定了吗？”周教授问妈妈。

“定了。”妈妈一脸事不关己我什么都不知道的表情。

“那好啊，跟着去呗。”教授爽快地答应了。

耶！赚钱去了！！！

那一段助理时光，那些五星级酒店被我逛得跟家里似的。我早上起床陪两位专家吃饭，先跑去餐厅给周教授、周虹老师占位，两百多号人的自助餐厅，该怎么找位置呢？我先走到一个看似快吃完的位置旁，盯人。用我（并不）湿漉漉的大眼睛盯着他们，不管他们干什么都一直盯着，盯到对方背脊发凉赶紧吃完自己走开为止。

座位，get！

等他们取完食物我才去拿吃的，因为我要占位，有时候他们吃完我才取食物回来。食物很丰富，但是我不敢恋战，还有工作等着我呢。两位专家先走，我自己再吃一会儿，然后跑到大教室，拿着相机开始拍照。

我现在还记得真是不容易啊，要怎么拍？大场面要站在边角高处斜着拍，这样拍起来才会显得人多。我的个子矮，经常要站到一个桌子上拍。还有专家、学员的特写，经常要拍几十张。拍完照后，帮着协调午饭和晚饭，如果有什么突发事件，我可以以迅雷不及掩耳之势处理，晚上固定陪着他们饭后散步。

出发前，我准备了两本书，一本脑筋急转弯，一本笑话。每次散步之前我都要翻翻书，记几个，等着散步时给周教授讲。讲完，步也散完了，这一天的任务就圆满完成了。

于是，我被周教授人前人后赞叹为——周汶瑾是我的第一助理。

当时我才 8 岁，创建周正心理网那一段时间的照片都是我拍的，周教授说："周汶瑾不是被养出来的，她天生就这样。"

"哈哈哈"，当时我边笑边想：周教授您瞎说什么大实话呢。

几年后的今天我才知道周教授说得不无道理，在 2017 年妈妈的沟通大课上我发现自己真是天生的沟通高手。

首先，沟通时我在高能量状态。

其次，完全敞开、满足需求、站在对的立场、达成共识、彼此成就，达到共赢！

无限荣耀与财富的日子啊。

后来，妈妈创办虹汇、母亲大学，我便成了周虹老师的专职助理。周虹老师的每节大课我都要给她拍照——场面照、个人照，周虹老师微博微信上几乎所有的照片都是我拍的。

此时工作的工资是一天一百块人民币。

只要是工作日，我们两个的位置就闪电更换。早上，我给她煎三片培根，一杯咖啡，这是助理必须做的。她在描眉画眼、理鬓挽发。然后她西服革履脚蹬高跟鞋在前面走，我这个助理携着大包小包、带着职业面孔尾随着她。心甘情愿，因为兜里有了一张百元大钞。

一次学员结业仪式上，学员在感恩她，周虹老师感慨万分，一上台就开始失控，泪水簌簌地流了下来，给大家鞠躬。

而这个时候，作为女儿的我，面无表情地举起相机，就在台下“咔嚓咔擦”地拍照，一点同情、递纸巾的意向都没有。

你会说我很专业，工作在位。

其实，当时我内心窃喜——赚大钱的机会来了。

之后周虹老师给我发了好多钱，因为我把她哭着鞠躬的照片拍得梨花带雨楚楚动人，特别好看。幸亏当初没有心一软就去递纸巾，要不然还挣不了那么多钱呢。

就这样，我的钱越赚越多，后来，一天助理费达到几百块钱。

如今，赚钱对于我来说是习惯了。

2013 年去迪拜玩，住在一个五星级酒店里面。酒店大堂有一个超大三脚架钢琴，周虹老师又闲得生事，指着那个钢琴对我说：“这样的钢琴难得一见，你去弹一首。”

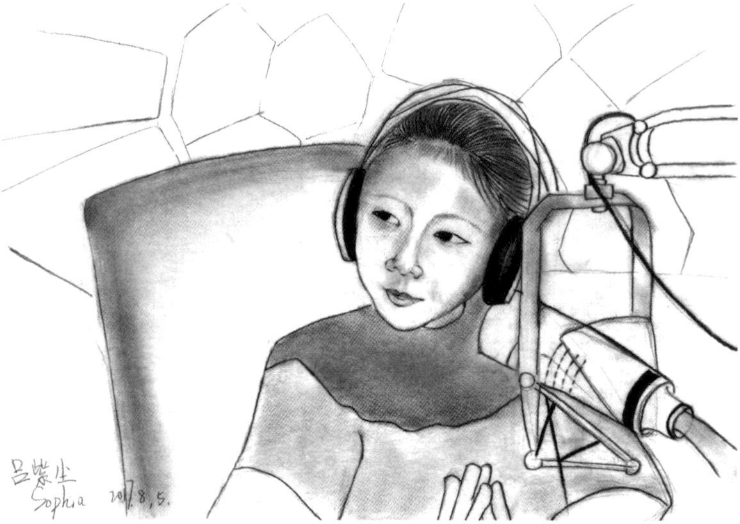

从小我就靠“说话”赚钱
吕紫尘　绘

我说："还是不了吧，人家肯定不让弹。"

"一百块。"

"这……算了吧。"

"两百。"

"我考虑下。"

"三百。"

"好吧，我去。"

一曲下来，回座，周老师用她那白嫩的手把钱递了过来。

从小我在大众面前举手投足得体优雅，总是成功，没有为周虹老师或者是我自己丢过脸面，这是秘诀。

就这样，我的勇气总与赚钱有关，屡战屡胜，2017年，我愈发地贪心了起来。我想赚更大的钱。

该怎么赚大钱呢？

比如和周虹老师录制虹汇电台收费节目，《如何与孩子谈钱》的那几十期节目，虽然录的过程很辛苦，但是三天录下来我就得到了几千块钱，有时候还可以勒索（以智取胜）。

现在我在写书，保底一万多块，如果这书畅销的话，那就不知道可以赚多少钱了。

但是在赚钱的同时，也要适当地花一些，因为金钱是需要流动的，它并不喜欢死死地待在银行卡里。所以我在赚钱的同时也会逛逛街，买些自己喜欢的东西。

我希望金钱知道，来我这里它可以获得真正的生命，它们可以流动，这样它们就会奔到我这里啦。

我是多么热爱着赚钱和花钱啊！

我一直在赚钱，对于我来说，在哪里都可以赚钱。我相信，等我长大了，到了职场该赚钱的时候，我一定能赚到好多钱，因为我从小就开始赚钱。

我对金钱的爱热烈而又真挚，我爱着钱。

我一定会很有钱。

你呢？

大胆的孩子

家长有必要陪孩子疯玩吗？

爱玩儿的家庭对孩子的未来有影响吗？

我是那么地爱过山车和跳楼机。

有很多人都对我说过：“你一个女生，这么拼干什么……”伴着时青时白的脸色，好像随时都可能吐出来——这些人通常都被我刚拉着玩过各种惊险游乐项目。

之前去美国游学的时候，我去了一次环球影城。环球影城里有一个鬼屋和跳楼机结合体，我很怕鬼，同时也有点怕跳楼机，也从来没有玩过。我第一次玩的时候很害怕，全程闭眼，可下来后却觉得其实没什么，于是我又死拽活拉地把一个男生拉过去陪我跳了第二次，他下来之后看都不敢再看我一眼了——这才是我没有男朋友的原因吧？

我的画风和别的女生有些不同。她们玩到这些大型项目的时候一般都会伴随着海豚音和随时都会被吓哭的小脸，而我——

如果你和我玩一次，在瞬间落下来的时候看一下我的脸，会发现我的眼眸闪着异样的光芒，嘴角有着诡异的上扬弧度——我在兴奋！但我也不会叫，只会安静地、沉默地、仔细认真地体会每一次失重所带来的乐趣。或者也可能看到我对身边海豚音蔑视的表情（如果过山车坡度不是太大的话）。

我的胆量从哪里来呢？大概是父母吧。

在我很小的时候，爸爸就已经带我玩遍了能够去到的所有的游乐场。没有任何限制，也没有任何怀疑，他就是认为我可以挑战这些项目，曾经还给我垫脚让我去坐过山车（好孩子不要模仿）。而且我爸很鬼的，他每次带我出来玩这些看起来很危险的东西都不带我妈。况且我妈也知道，只要她一去，就会对我俩有所限制，所以索性眼不见心不烦，直接酥手一挥："你俩去疯吧。"

小时候所有项目中我最喜欢的是海盗船。

我还记得有一次不知道是在哪里，有个小型的需要大人们手动推的木质海盗船，我爸爸带我去玩，旁边坐着一堆"小萝卜头"。在每一次海盗船上升到顶点然后瞬间落下的时候，我的耳边就回荡着一声一声的海豚音。而那个时候的我，端正地坐着，看着站在下面的爸爸，静静地微笑。

真吵。

我还喜欢秋千。我玩秋千的时候经常是秋千都快翻过去了，当时我双手抓着身边的两根粗麻绳，银铃般（其实是杠铃般）的笑声似乎可以传向天际。

后来秋千已经满足不了我了。于是在我 5 岁左右，我坐了人生的第一个过山车，下来后只记得耳边的海豚音和脸上的肉被风刮得好疼。

还有一次和爸爸出去，我独自在河边漫步，一个不小心就翻了个跟头掉进河里，不过我会游泳，结果回到家身上都是泥水。我爸从来没有觉得有什么不对，更不觉得危险，要是我那个爱干净的妈在旁边，早就吓着了吧？说不定从此以后再也不让我俩出去了。

再说，父亲陪孩子玩的时间与孩子将来的财富成正比，这是周虹老师经常在课堂上说到的观点，她成就我拥有财富的心永不停歇。据她回忆，每次我和我爸单独出去，走的时候都是衣着光鲜，回来的时候就跟刚刚打过一场苦战一样狼狈。只要一回家，我妈就朝我喊：“别动！把衣服脱了！”等我把衣服脱得干干净净了才能进屋。

在那之后我愈战愈勇，战遍了各个国家的过山车、跳楼机、大摆锤和在超高空转圈圈的秋千，只有这些才是为数不多的能使我记很长时间的东西。

再说我妈。有次和爸爸妈妈一起去世纪欢乐园，我的身高不够所以上不了过山车，所以只有他们俩去玩了。我至今还记得妈妈下来时那忽青忽白的脸色、“便秘般”的表情和“下次再也不坐了”的宣誓。果然，周虹老师还是很守信的，之后碰到这种惊险项目，她看都不看一眼了。

她虽然抛弃了我认为是人生除了吃肉的第二大乐趣，但是她比我厉害多了。她就像《荒野猎人》里面的吃生肉、喝热血，住到动物尸体里，生活随处都是挑战的小李子（指莱昂纳多·迪卡普里奥）。你别看妈妈整天“仙衣”飘飘温言软语，她就是真正的活在我身边的“荒野猎人”。她向来不怕事儿，在创业路上永远是令人敬畏的头狼。我们相识快十六年了，她玩着玩着就玩成了周氏启智、郑州电台《亲子课堂》、母亲大学、虹汇、“虹汇电台”的创始人。从小我就看着妈妈站在无数讲台上侃侃而谈，无所畏惧地去开拓新的领域，这可能比过山车更惊险刺激。

2017 年虹汇新年第一课，我妈宣布新一年课程宗旨，就一个字——玩！在玩的心态玩的氛围中成长、赚钱、工作、生活、学习、教育。

玩着成功是人生最高境界。

人生是要享受的，这一点我是耳濡目染深受其“害”却依然听话照做。

正因为我爸我妈的谆谆教诲和宛如大海一般宽广的胆量，才使我变成了现在大家所看见的淡定、勇敢、沉稳的样子。我现在如此勇敢地走出国门，毫无怀疑也从没有认为过自己做不到，我就是这么简单地扛着个行李箱独自踏上了飞机。我有足够的信心和胆量，我相信自己，相信自己的勇气。困难就如同坐一次跳楼机，荡一次快要翻个的秋千。

唉，其实我也挺想喊个海豚音什么的，但是我试着喊过一次，发现自己喊得实在难听……完全没有人家的海豚音来得婉转昂扬、跌宕起伏。

再说，那样多丑啊，我是注重自我形象的人。更何况，每次挑战成功都是财富，面对一次次的财富，我高兴得忘乎所以，已经忘记了大呼小叫……

染发记——当孩子要干些出格的事

为什么孩子有时候突然想干些出格的事情呢?

为什么我的妈妈就不阻止呢?

有一天，身在澳大利亚的我突然想染个头发。

不为别的，只是想染个头发，看看别的发色的周汶瑾是个什么样子。我原本的发色就不太黑，算是栗色，越到发尾越黄，渐变发色，还算比较独特的。有好多人问过我是不是染的，之前还有几次差点被处分。好多人羡慕我的头发，但是我自己并不觉得有什么。

然后我抛弃了自己头发的本来发色，想染个颜色。

于是我就先和妈妈商量，这是程序。

“妈妈，我想染头发。”

身体发肤，受之父母，不敢毁伤，孝之始也
桃子　绘

“哈？！为什么想染头发？”

“我想换个发色。”

“换啥？人最好的都是原生态的，你原来发色多好看，你上大街找都找不到这种颜色。”

“原生态？！反正染完之后还能变回去，我就想尝试一下。”

“你现在的发色和你皮肤、眼珠的颜色都很配，你要染了就没现在这么协调了。”

“我就是想染一下，换个发色换种心情之类的，就感觉会开心一些。”

“我让你烫头发，因为烫头发好看。但我不支持你染头发，因为你染头发肯定不好看啊！”

“我只是想染个头发而已！”

“你会后悔的！”妈妈幽幽说了一句。

“并不会！”

“好吧，随你便吧。”妈妈不再与我纠缠。

然后电话就挂断了。

我好生气啊，明明只是想染个头发而已，为什么妈妈就这么不支持我？之前我做什么她都很支持的，为什么在这种事情上反倒有点不支持了？只是染个头发而已啊，又不会有什么实质性的伤害或者变化，这么小的事情为什么这么生气啊？

气死我了。

气得我立马跑到一家商店买了个染发膏，打算回家自己动手 DIY。染的时候还是非常开心的，激动和兴奋，觉得总算要遇见另一个不一样的自己了！开心！说不定染过头发的我会立马变漂亮好几倍呢！

天真的我还什么都不知道。

我选的是一个稍稍有一点冷的颜色，反正效果图是很好看，要是我能染成那个样子，肯定会特别好看。

大概吧。

染头发的过程不再赘述，现在只记得对头皮还是比较刺激的，有一点点刺痛的感觉。

很开心，开开心心地洗了头，把染发膏都洗掉之后，期待着大变身一次的我，想着有着漂亮的亚麻色头发的我，终于变成了红发魔女！

No！！

原本期待的漂漂亮亮的亚麻色全然不见了踪影——为什么会染成红色啊？

此时的我心想：没事，这个还能洗掉，就算不好看也没关系，反正现在离回国的时间还早，所以在那之前一定是可以洗掉的！

可是我想错了。这边本地的一些染发膏确实可以 20 天左右就洗掉，可我买的是日本的一个牌子啊，这个牌子的洗发膏怎么样都洗不掉的！

过了一个月，依然没有什么变化，依然红得宛如用指甲草染出来的“奶奶红”，只不过新的黑头发长出来了，显得我更加狼狈不堪。

过了三个月，该回国了，我新长的黑头发长出了一大截，看着黑不黑黄不黄的，那一段时间我的内心几近崩溃，完全不想回国，因为头发真的丑出了个新境界。还真是应了妈妈之前说的话——后悔死了。我恨不得一头撞死自己，这丑得也太别致了。

但是我依然是顶着一头奇葩的头发回了国。

看着周虹老师幸灾乐祸的表情，我在想，当初为什么不听她的话，非来一次不撞南墙不回头，才开始马后炮——当初自己咋那么傻？

我当时就应该想，妈妈都同意我烫一次头发了，染头发她那么大的反应，肯定是她觉得染头发一定不好看，但是我就傻，傻到不了解她的良苦用心。

于是我实在忍受不了一半黑一半黄的头发了，便开始央求妈妈让我染回原本的发色，并且保证再也不染自己的头发了，求爷爷告奶奶地抱着妈妈的大腿哭了两个月，她才同意让我回澳大利亚再染，毕竟那边东西可能安全一些。

最后以我花了半个月的生活费把头发染回去而告终。

这件事告诉我两个道理：其一，不要随便乱搞事情，搞到最后你会后悔的；其二,一定要听妈妈的话。

我以后再也不会染头发了。

作为我的家庭来说，以后妈妈反对的事情还是不要坚持，她如此爱我，不会放着好事不让我体验，同时，不好的事情一定不希望我体验。

妈妈，对不起！以后你说的关于我形象方面的建议都听你的！

虽然“不听老人言，吃亏在眼前”这句话不是真理，但是毕竟大人比我们多吃了几十年的饭，某些时刻还真是需要他们来帮忙参谋一下的。

我问妈妈：“其实不仅是我太傻，孩子们这个‘不撞南墙不死心’的性格也不知是怎么养成的？”

妈妈：“正常，人生是体验的过程。从小到大遇到一些我怎么讲你都不听的事情，我就知道需要放你去‘做’一次，看着你撞一次南墙，不与你死磕。”

“来证明我是错的。”

“不是啦，好心好意让你出孬气啊。”

“这么好心？”

“每一个人小时候都有执拗的时候，父母是怎么着都拉不回来的，反而会破坏亲子之间的关系，在这个过程中我们需要接纳。”

“为啥？”

“安全地看着你撞南墙,比全然失控看着你撞南墙好多了。”

“原来你也没安好心啊。”

“被你发现了。其实这叫允许你出孬气。”

“孬气？”

“过一段时间，你就会攒一股孬气。每个人都有，出来就好了。”

“不出会怎样？”

“不出，事儿会闹大。如果我严格要求你，很多事情都不允许你做，孬气都被堵在里面，总有一天会爆炸的。”

“类似网瘾？”

“差不多。很多过激行为，厌学、辍学、早恋、网瘾、离家出走等，或者长大以后染一头玫瑰红头发回家……”

“哇，那时家长就管不住了。”

“对！如今很多年轻人疯狂整容、注射、做奇形怪状的造型，其实都与小时候不被允许有关，孬气终归要出来的。”

“我的都出来了？”

“还是比较充分的吧。”

“那，出孬气的好处是什么？”

“短期，不影响生活学习。长期，意义就大了。以后你就会对自己所说的话、所做的事更加慎重，对别人的建议又尊重许多，当长大后做重大决策时，你会慎重征求家庭意见，因为你知道我的建议大多是对你有益的。”

“大事？多大的事算大事？”

“比如你的婚姻，你的择业。”

哇，是够大的，是该多听啊。

又一次被耍，还心服口服。

我选择相信，如果爸妈对我要去做的十件事情中有一两件有意见，就说明我的决策正确率还挺高。否则，我会重新考虑。这其实要感谢父母从小到大敢给予我多次练手的机会。

所以如今，大事我还是听父母的话，不再一意孤行。

关键是，父母的尊重和跟随让我不断地调焦，他们不能永远陪伴在我周围，最重要的还是我自己遇到突发事件以后的利好反应。

身体发肤，受之父母，不敢毁伤。我彻底理解了！

早恋消亡史

为什么妈妈没有阻止我早恋呢?

为什么我始终就是无法早恋呢?

早恋是什么？早恋只不过是对青少年恋爱的一种偏见的贬义的说法。我认为爱情是一种非常美好的感情，完全没有遮遮掩掩的必要。因为我，就是个“早恋”者。

我的幼儿园时期可真谓是情史丰富啊。小男朋友一抓一大把，甚至连婚纱照都拍过几套——关键是我妈还随我胡闹。她只要一讲起我幼儿园时的感情史就口吐莲花滔滔不绝，兴奋地宛如她自己的爱情史。我怀疑只要不让她停下，她能给我讲个三天三夜。

我的“初恋”是在两岁。

在妈妈创办的周氏启智午睡时与邻床的 Richard（他的

从小我的异性缘就不断
王雅琮　绘

中文名字我是最近才知道的，叫张翔宇，我那时喊他瑞查）小手拉小手入睡。两个小床之间的距离被两个肉乎乎的嫩胳膊相连，当时还有老师问周虹老师要不要把我们两个分开，周虹老师看我们如胶似漆的样子：“好美！好感动！还是不要分开了。”看得她热泪盈眶，老师们也放弃了把我们两个分开的想法。

他还来过我家，听他说那次来我家玩晚上是睡在一起的。

我小时候也经常欺负他，听周虹老师说，有一次演出前我冲进化妆室大喊：“瑞查，该我们上场了。”

我野蛮地拉着他在演出现场走廊里到处跑，让他数次撞到门框上、墙上，撞得“哐哐”响。他却一直傻傻地笑着与我一起跑到台上“搔首弄姿”。

三四岁的时候他因家事离开幼儿园，我们两个特别伤心，死皮赖脸地求周虹老师让我们拍一组婚纱照，然后周虹老师竟然同意了。于是我就在三四岁的时候拍了人生第一组婚纱照。虽然现在照片已经不见了踪影，但是记忆还是一直都有的。

于是我们就大概十几年没有了联系。

直到 2017 年 7 月，他和妈妈突然找到了我和周虹老师的联系方式，我们又联系上了。聊了一会儿发现，我们虽然有十几年没有见面了，但是却一点都不生分，平时我对于男生的疏离感对他却没有，就像是失散多年的亲人一样熟络。

之后我又发现，我们身上的共同点简直多得数不胜数，就像我们活成了彼此一样，生命道路互相重叠。

我相信这一定是宇宙送给我的一件惊喜吧。

幼儿园时期可能因为我是一个比较像女生的女生，每天换一件花裙子，365 天不重样，不管是嘴还是脸都甜甜的很可爱，所以追着我献殷勤的小男生特别多。有一次我的发卡掉地上了，在我捡起它的前一秒就有一个小男生替我捡了起来并双手奉上。我想我当时可能笑得宛如一个公主，以高傲的姿态谢过了他然后踩着小猫步渐行渐远。

那时候我活得就是这么恣意飞扬。

现在回想起来，可能我一直都是花痴。不信你来看看我从小到大曾经有过的相思之苦。

我是不是有些喜欢上他了？

最近天天都在看他，眼睛控制不住地、每隔五分钟就往他所在的地方望去。

啊，他长得真好看啊。这一截洁白纤细的脖颈、这双骨节分明的如青葱般水嫩白净的双手、这弧线优美的侧脸线条……

呀，他朝我看了一眼，是不是发现我一直在盯着他了？我赶紧把头扭开，望向别处，掩饰着早已红透了的脸颊。脑海里想的是上次无意间看到他打字时的模样，于键盘上飞舞的手指就像野鹤一样轻盈飞扬，配上他双眼的神采——啊，刚刚他瞟了我一眼，原来这就是一眼万年啊。

犹记得上次在车上坐在他前面的局促不安：朋友叫我回头时把目光偷偷地定在他脸上的那一秒——宛若永生啊。他的脸庞微微扬起，目光斜过来看着我——那一秒使得我在之后的旅途上更加局促不安脸红心跳了。

我曾经偷偷跑到球场上看他打球，正午热烈的阳光映着他被清风吹得鼓起的球衣和脸颊上闪闪发亮的汗滴，他似乎每一刻都在发光发亮。

偶尔在一起玩耍时的肢体接触，会让我如触电般地躲开，然后又暗自懊恼自己突兀的表现。

曾在墨水般黑得伸手不见五指的夜晚里燃起篝火，透过不稳定的火光偷偷地看着他，那本就模糊的线条在忽明忽暗的光线下显得更加遥不可及。

哈哈，到最后竟然都是遥不可及。

先说小学。一年级第一次竞选班长的时候我几乎是全票通过。不管是男生还是女生，都心甘情愿地让我当他们的班长。在二三年级的时候，有两个男生对我表白，还有几个不说出来但是我能看出来他们喜欢我。在二年级的时候我喜欢上了我的同桌，他人长得帅帅的，学习也好，但是之后他要转学去上海了，在他走之前我们一起出去玩，拍了一些照片。

据妈妈说，当第一套照片洗出来的时候，我们两个幸福得笑脸通红，抢着要第一张照片。

但是没有结果，如今他好像是在北京。

在四年级的时候，我又喜欢上了一个男生，我知道对方也喜欢我，但是那层薄纸不知为何一直没有捅破。五年级的时候，有两个月的时间我喜欢上了一个隔壁班的男生。那个时候我是每天中午上课前检查各班卫生的大队委，他是班长，我每次检查完毕都会找他签字。这是我隐藏得最深的一段暗恋，同学们谁都不知道。但是上七年级的时候，我和他们班的一个人分到了一个班，他对我说："你知道吗？之前 ××× 喜欢你，每次你找他签完字走出门的时候他都盯着你的背影看。"

是吗？为什么不让我知道啊！

七年级下学期学校组织游学，我喜欢上了一个比我大一届的学长。当初被同学传开了，他曾经特别不屑地说"周汶瑾是谁啊，我不认识。"我伤心了好久。游学之后我们就没有什么交集了，我每天都盼望着放学时能够遇上他，但是次数也是越来越少，于是也就没有结果了。可是在 2016 年 5 月 20 日，他又突然加我微信，发了千字文对我表白，说其实从那时已经开始喜欢我了，但是想变成一个更好的自己所以就迟迟没有说出口。我十分感动，可是已经晚了，我对他已经没有感觉了，但我也认真回复了千字文，描述了当时我的心路历程，最后委婉地回绝了他。

而在前不久，我刚知道，那个二年级向我表白的男生，已经喜欢我 9 年了，还是很执着的，我也是非常感动的。

这就是我的感情史，从出生到现在。我的秘密都被你们发现了，你们是否以为我妈妈也是第一次知道？

这些感情史在每个历史阶段，周虹老师全部都是第一个知道！我每喜欢上一个人都会第一个告诉妈妈，告诉她我内心的想法，和她分享我心中所有的小甜蜜和小苦涩，而她也会耐心、细心地为我解答，与我分享她的想法。我也会经常去找她取取经。我们两人之间没有任何一次因为与异性的关系而吵过架。妈妈会一直在旁边，甚至指导我一些与异性交往时的技巧，什么要变得可爱一些啊、语气要甜美一些啊、不要一直拿着智慧的目光看着人家啊、不要老是穿黑色的衣服啊……（虽然这些方面我都努力尝试过，但是皆无功而返），周虹老师这份想要帮助我变得更女生、更女神的真心不掺杂一点虚情假意。

我从不对她有所隐瞒，因为我们家说谎才会受惩罚。她是我遇到的最简单纯粹的人，她总是告诉我：喜欢你的人多，总比不喜欢你的人多强。我从小就生活在护花使者中，受到了很多男孩的保护。

在小学三四年级的时候，有一天我在放学路上拿着一个弹力球玩（我现在依然对弹力球情有独钟），结果玩得正开心的时候被一个男生抢走了。看着他们几个男生把我心爱的小球球抛来抛去，感觉自己快哭出来了。追也追不上他们，力气也没他们大，感觉自己当时充满了孤独与无助。就在这时，那个从小学一年级就开始喜欢我的男生出现了，他先是让拿着球的那个男生把球给他扔过去，然后，装作自己跳得不高没接到，球从他手中弹走，悄悄地滚落到了我的脚边。我赶快拿起球,一溜烟儿地跑掉了,头也不回。回家我告诉了妈妈，她拥抱了我并且叮嘱我下午一定要带礼物去感谢。我给了男生巧克力，他欣然接受。妈妈说："你在学校有背景啊！"

她从来没有阻止过我去喜欢上谁。甚至对我念叨：去喜欢上一个异性是正常的、美好的，这是世界上纯真的美好感情。她甚至对我这些少女般的"小情事"兴致满满，我曾经说过好想谈恋爱、想找男朋友，她也笑意盈盈地看着我说："我绝对全力支持你。"

在我还年少不谙世事的时候，特别想有个男朋友。我不缺人喜欢也喜欢过不少人，但是喜欢我的我都少一些感觉，而我喜欢的都在我喜欢他们时装作不喜欢我，等我彻底没感觉了又说"我一直喜欢你啊"。似乎有什么神秘的力量在阻止我谈恋爱一样。机智的我早已参透了个中精华！

第一，我们家有个雷打不动的家规：太阳落山前必须回家。

与同学朋友玩看着太阳下山了赶紧往家跑。同学们匪夷所思，唯有我知道这个家规是父母满满的爱与呵护，他们在家等我。陪伴妈妈工作这么多年，我了解了很多孩子，都是夜晚徘徊在外出的事情。爸爸妈妈谁也不管孩子，均在外应酬，把孩子交给老人、保姆、亲戚、午托部，经常回到家孩子已经睡了或者又起冲突，孩子就成功开始早恋……这两年即使在澳大利亚我也严格遵守家规。

第二，我不具备早恋气质。

2017 年初我参加了澳洲同学的生日宴会，虽是女校同学但也认识不少隔壁男校的学生，于是就请了一些过来。整个宴会下来，我的同学们有不少各色皮肤男生搭讪加微信，而我，一个都没有。我长得也不差啊，气质也不错啊，为什么呢？

后来周虹老师跟我解答："表面上来看是因为你那天一直和你那个日本同学在一起没搭理他们，其实是因为你没有早恋的气质。

"真正的早恋均是家里缺乏爱，你的生命里爱意满满，不需要从外部填充爱，你不是真正的渴望！所以，男孩与你无法发展下去。你那天不是穿着一身黑色的大裙子吗？那个可是你买房那天穿的必胜裙子，好像'可恶'的富二代一样，裙子一点曲线都没有。而别的女生都穿的淡色可爱的衣服，短裙啊露肩啊什么的，那是吸引，你没有！重要的是，你一点谈恋爱的‘频率’都没有啊。人家女生一说话都是‘嘤嘤嘤’，双眼水灵灵的，你一个抬眼过去都是充满智慧的目光，没有男生觉得你是要恋爱的人。”

我想了想，好像确实是这样的。有几个男生一直在看着我，但是我一个“眼刀”丢过去人家就不和我暧昧了，这场生日宴的主人公也说：平时很活泼的男生那一场就没说过几句话。玩真心话大冒险的时候我也发表了一场关于父母离婚孩子应持态度的“高明见解”，他们估计真的觉得这个女生不需要他们，没有向他们发射出哪怕一点的需求目光。

看来，我因为这简单的两条原因安全走过青春期早恋危险地带。常在早恋河边走，就是不湿鞋。同样我也知道很多家庭这两条执行起来好难。无关孩子，关键是父母。

还是按照爸妈说的，18 岁以后再正式谈恋爱吧。不知不觉中，我从初一开始特别想谈恋爱的心情到现在却是没有了。从一开始的蠢蠢欲动到现在的心如止水，大概都归功于周虹老师的治水之道吧——围堵不如疏导。她没有在我因青春期荷尔蒙旺盛做出种种傻事的时候怒火朝天不让我和任何异性接触不让我早恋，而是像抽丝一般把我内心的种种悸动都慢慢地清理出来。她当初真正想帮我的心情并不假，但是她却早就知道了结果会是什么样。

直到现在，我其实依旧想谈恋爱。我想找一个我喜欢的也喜欢我的人，一起走下去，度过余生。

但是我不再像之前那样渴望，我不急着谈恋爱了。我知晓了现在这个年纪并不是谈恋爱的年纪，我还有许多的事情要做，满 18 岁再开始谈恋爱也不迟。

我现在与我自己在一起，并不孤单。

妈妈总是对大人们说："当一个人能够与自己在一起好好相处的时候，才能真正与他人在一起发展优质关系。"

作为孩子，我们还是老老实实先学习与自己相处吧。

后　记

父母宣言

9 年前我们就计划要写这本书。

2009 年的夏天，我撰写了《望女成凤》和《望子成龙》两本著作。在书中，我留下了这样一段文字：女儿将在 10 岁以后有写一本书的愿望。

念念不忘，必有回响！

我们非常支持女儿写这本书。作为亲子教育工作者的家庭，我们也会有问题，作为父母，也有自身生命的负面状况。

然而，我们与普通家庭的不同之处是——我们认为孩子引领父母成长，孩子是更高级的生命，孩子没有问题，如果孩子有问题，也一定是背负了父母的问题。

我们是有尊严的父母：

——我们耻于绑架孩子的问题成为受害者。

——我们耻于躲在孩子问题后面哭哭啼啼。

——我们耻于将生活艰难的责任归罪于孩子。

——我们认为教子无方是弱者心态。

——对孩子非打即骂是无能的表现。

家庭教育失败说明自己根本不在父母位，甚至并不是真正意义上的父母。

孩子，只是用来爱的！

所以，我们与大家处理家庭问题的方式方法也就发生了根本性的不同。

首先，我们家没有“别人家的孩子”，我们最爱的就是自己的孩子，最欣赏的也是自己的孩子。我们从来不拿别人的孩子与女儿比较，我们总是强调她做到的部分，让她时时刻刻领受家庭的支撑和激励。

我们会选择做一个“懒家长”。孩子需要承担的，我们都“手把手”地交到女儿手里。能够这样做的前提，是我们相信她完全可以承担，这对许多父母是最难的一个坎儿。

作为父母，我们在生活中对别人没有太多的期待，总是感恩生活给予我们的。所以，女儿在与同学的交往中也渐渐没有了过多的投射与期待，青春期的她就开始在与周围的老师、同学、好朋友的相处中天然保持觉知。

我们从来没有因为作业掐过架。六岁以前，女儿就能够轻而易举地完成早教中心的课程。上小学以后，我们也从来没有担心过她，相信她一定能够按时完成作业，高效并且有品质地完成各科功课。我们也不需要去检查她的作业，不需要督促她学习，因为我们相信她的能力。作为父母，我们总是尽到自己的责任，承诺必兑现，那么我们的女儿也肯定是这样的人，她可以！

对此，我们深信不疑。

在女儿的身体出现问题时，我们没有过多选择医院和药物。我们的家庭崇尚“原生态”的生活方式，所以，我们选择做“大医”，治“未病”。比如，让女儿一年四季坚持游泳来提高免疫力强健身体。所有家庭成员都很少去医院，很少用药，即使用药，也不选择“先进”的品种。

孩子一定要“有用”。家务活一定要干，动手能力是人类的基本生存底线。在培养女儿“有用”方面，我们身体力行。如果家长是干家务的高手，孩子传承了高手的技能，将来的生活就会容易。家庭是团队，我们崇尚孩子一定要在团队中“有用”。在父母需要的时候，孩子一定要挺身而出，为父母做些事情，哪怕只是在父母酒后在床头放一杯水。我们会耐心地告诉女儿自己的需求，并经常强调她很“有用”。我们要求她：“父母需要你的时候，你要冲上来。”这都是爱，这是家庭团队成员必须具备的能力。果然，她真的很“有用”，有“大用”。

她能够做到这一点，可能也是因为她的父母实在是太“有用”了。当我们持续满足孩子需求的时候，孩子也一定会探求父母想要什么。没有只索取不奉献的孩子，除非他的父母是这样的人，孩子看着父母长大。

施与受在我们的家庭保持着持久的平衡。

当女儿陷入自我否定时，是我们最痛苦的时候，如同在否定我们自己一样。当然，这个时候我们会更加冷静，首先会扪心自问："最近，作为父母，我们怎么了？我们是否有情绪波动？在这个方面我们做了什么？"

我们深深知道，自己内心清醒的时候才可以帮到女儿，让她从自我否定的大坑里爬出来。这个自查行为，我们从她出生起就开始做，一直在做，未来还会继续做下去。

人生中最大的问题就来自于抗拒，越抗拒，问题就越大。面对女儿各个年龄阶段层出不穷的问题，我们选择全部接纳。由此，我们也给女儿的人生输入了一道"接纳"的程序。她的平静就是长期被接纳的结果，同时，她也具备了接纳周围人和事的能力。

每个人都会经历人生低谷，在最低谷的时候，我们都渴望有人拉我自己一把，而不是把我们踹得更低，孩子们也是如此。当女儿在人生低谷的时候，我们与她在一起，用足够的时间陪伴她。哪怕没有一句话，我们的心在一起。

关于"靠谱"。我们都希望身边的人靠谱。但作为父母，应当自己先靠谱起来，然后再去要求孩子靠谱。在我们家，我们从不要求孩子去做我们自己还没有做到的，总是依靠自己先做到去引领孩子。

当孩子出现某些问题时，我们总是先寻找自己的问题，最终与孩子一起去面对。在我们心中始终有一句话：孩子永远没有问题。

我们的家庭习惯道歉，冲突不过夜。父母总是首先道歉的那个人，所以女儿也习惯了道歉。如今经常是她先道歉和解，搞得我们有些不好意思。孩子激励我们成为更好的父母。

故此，我们家的冲突与和解都是当下发生。女儿每天能够钻进“真实”的被窝，梦里微笑着迎接第二天的生活与学习。我们习惯了没有心事的日子，喜欢没有心理垃圾的内在世界，对每日“清理”痴迷上瘾。

我们不喜欢教育女儿，孩子也不可能是被教育好的，我们只是去影响，因为孩子看着我们长大。

作为父母，平日的举手投足、一言一行可谓是战战兢兢、如临深渊、如履薄冰，唯恐哪些事情说到做不到，那样的话，我们会非常羞愧，恐怕对女儿造成恶劣影响。所以，我们在女儿面前承诺必兑现，她自然而然也做到这些。

我们与女儿“链接”很深，这是我们的日常生活常态。

我们从女儿很小的时候就开始培养她的金钱观，让她赞美金钱，去跟金钱“链接”。金钱就像与她终生相伴的好伙伴，永远不分离。我们首先“肉麻”地对金钱表达“爱意”与“感激”，于是女儿也与我们一样，对金钱的表达直接而炙热。

我们非常支持女儿赚钱，总是在生活的细节之处让她自发产生赚钱的念头。女儿每个阶段的“第一桶金”都是从家里产生的。我们积极地给她金钱上的奖励，让她从小定位自己是个富人。只要她愿意赚钱，我们一定会提供机会。我们希望女儿喜欢赚钱、乐意赚钱、勇于赚钱。所以，女儿从小就是富人。

青春期是孩子们的陷阱。与普通家长不同的是，我们在孩子青春期之前已经对此有了预见，已经在女儿的日常生活中设置了规避这些危险的家规。家规是从小就开始执行的，所以当孩子到青春期的时候，她会习惯性地保护自己不去触碰要命的高压线，不把自己置于危险的境地。因此，教育孩子有时候不能“就事论事”，而是要有预见性。“预防科学”比“治疗科学”更发达，这是家庭文化的最高境界。

当女儿偶尔要干出格的事情时，我们还会怂恿她。因为，光明正大看着孩子干出格的事与逼着她偷偷地去干出格的事情，安全性可想而知。我们清楚每个生命都有“垃圾”需要清理，所以要经常给孩子的生命留一个“破口”，让他们出“孬气儿”，而不能只是一味地堵。经常出“孬气”，孩子反而会平安度过各个“危险期”。

在沟通中，我们总是成就女儿，我们会站在她的立场上所思所想，懂得自己与她的需求，从而在沟通中引领事情向好的方向发展。遇到任何事情，女儿第一时间会向我们分享或者求助，她会坦然相告，因为我们习惯了彼此之间的信任与诚信。女儿总是勇敢地对同学说：“我不对父母说谎，我对父母一定要诚信。”

在我们家，给女儿做什么事情，她总是会领情，因为我们给予的都是她喜闻乐见的，我们知道她内在的渴望，我们懂她、了解她，从来不会给她不想要的。

女儿总是惊叹我们在她出生后的 16 年中从没有说过她一句坏话。其实做到这一点并不难，我们是孩子的母体和生命源头，首先，我们爱自己、珍惜自己，也会珍惜自己的孩子，对孩子唯有爱和接纳，所以根本就没有可能去说她的坏话，更何况她也没有提供什么机会让我们说。

孩子是多么了不起的生命啊！

我们甚至没有资格去指责孩子，唯有活好自己才是唯一要坚持的，因为孩子看着我们长大。

由此，我们的女儿一定不会早恋，因为家里的爱是高浓度的，她不需要去外面寻求关爱。我们支持她跟异性交往，祝福她接触人类美好萌动的情愫。不干涉、不制止，异性之间的神秘感总是在他们一次次的交往中淡化。所以，她不会提前去启动爱情。

是的，我们的家庭不强调孩子的学习和成绩，更不允许孩子只注重学校的学业，我们强调的是“大学习”！它包括生活的方方面面，作为父母，我们也一直在女儿面前持续地学习。如果眼前有一辈子在各个领域里不断学习的父母，孩子也一定会一生持续学习，持续爱上学习，完成人生“大学习”。孩子看着我们长大。

我们习惯忏悔，习惯道歉，习惯每天清理，作为父母，我们知道——我是谁？我从哪里来？我要到哪里去？所以孩子从小也在思索并且勇于回应这些问题。

今年，她真正明白了“周汶瑾”这个名字的含义，她知道她是谁，她从什么样的家庭来，她要到哪里去。能够达到这个境界，我们最辛苦的岁月是孩子的 0 ～ 6 岁，我们不会把孩子托付给任何人，我们知道自己的重要性和全权责任。那是人生的大地基，不可以偷工减料。这是家庭教育的大智慧，是含金量最高的技术。

作为父母，我们总是有胆有识，我们从来不觉得孩子是负累。我们认为孩子是成就父母的天使，我们勇于接受孩子带来的挑战，感恩孩子让我们踏入新的生命领域，感恩孩子推动我们持续去面对真实的自己，成为更好的人。

没有孩子，我们永远无法知道自己是多么的了不起！

孩子，只是用来感恩的！

全球一体化，感恩习主席的“一带一路”将推动更多的中华少年走向全世界实现地球村的家园梦想。

对于民族、国家、地球、宇宙，我们都不会推卸任何责任，我们是人类中真正的父母。

作为这伟大时代的父母，我们宣誓：我们会更加强大！

我可以，你也可以，我们都可以！

父母与孩子彼此荣耀，相映成辉！

我们爱自己，我们爱孩子，我们爱所有人！

我们是父母！

周　虹

2017 年 8 月 18 日